DIE FUGGEREI
Soziale Heimat seit 1521

1

2

3

4

Was bedeutet Ihnen als Augsburger die Fuggerei?

„Es ist eine kulturelle Bereicherung in jeder Hinsicht und ein Touristenmagnet, aber auch ein Wahrzeichen der Stadt. Ich denke, Augsburg ohne die Fuggerei ist, wie wenn man versucht, einen Salat zu essen, und es gibt kein Dressing."

Augsburger Bürger

SERVICE

HINWEISE FÜR IHREN BESUCH

BARRIEREFREIHEIT

Die Fuggerei ist aufgrund ihrer baulichen, denkmalgeschützten Anlage nicht komplett barrierefrei. Wir bemühen uns jedoch stetig, Barrien abzubauen. Die Museen sind mit Ausnahme des Bunkermuseums über Rampen auch für mobil eingeschränkte Personen zu erschließen. In der historischen Wohnung gibt es allerdings Türschwellen, sodass einzelne Räume nur mit Hilfe zugänglich sind. Die Medienstationen in den Museen sind mit dem Rollstuhl unterfahrbar. Durch die Untertitelung von Inhalten in den Medienstationen ist der Besuch der Museen auch für Menschen mit Hörbeeinträchtigungen geeignet. Zusätzlich bieten wir Führungen für Hörgeschädigte an. Die Führungen in der Fuggerei werden in deutscher Gebärdensprache gehalten.

Für Menschen mit Sehbeeinträchtigungen empfehlen wir grundsätzlich den Besuch der Fuggerei mit einer Begleitperson, da das Gelände schwer selbstständig erkundet werden kann. Einzelne Ausstellungselemente wie ein taktiles Modell der Fuggerei oder Hörstationen in den Ausstellungen machen die Fuggerei haptisch und audiovisuell erfahrbar.

BITTE UM RÜCKSICHTNAHME

Die Bewohnerinnen und Bewohner freuen sich über das Interesse an der Fuggerei, aber auch über die Beachtung ihrer Privatsphäre. Bitte nicht: klingeln an der Tür, neugierige Blicke in Erdgeschossfenster oder das Fotografieren von Bewohnern ohne deren ausdrückliche Erlaubnis. Ein netter Gruß ist dagegen immer willkommen.

TIERE

Hunde sind in der Fuggerei erlaubt, aber an der Leine zu führen. Die Hundetoiletten-Stationen finden Sie in der Grünanlage beim Bunker und in der Parkanlage.

IN NOTFÄLLEN

Bitte wenden Sie sich an die Kassenkraft. Der Feuerlöscher und ein Defibrillator befinden sich links von der Kasse im Eingang der Fuggerei-Administration. Sonst wählen Sie die 112.

ANSCHRIFT

Fürstlich und Gräflich
Fuggersche Stiftungen
Fuggerei 56, 86152 Augsburg

ÖFFNUNGSZEITEN FUGGEREI

April bis September 9 bis 20 Uhr
Oktober bis März 9 bis 18 Uhr

SO ERKUNDEN SIE DIE FUGGEREI

Um alle Stationen zu sehen, folgen Sie am besten dem hier beschriebenen Rundweg. Er führt Sie zu interessanten Orten entlang der Gassen und erklärt typische Details der Fuggerei. Entdecken Sie auch die vier Museen mit spannenden Einblicken in das Leben früher und heute.
→ DAUER: ca. 1 Stunde

FÜHRUNGEN

Wir bieten Überblicks- und verschiedene Themenführungen an. Buchung und weitere Informationen unter: → www.fugger.de

NEU, SCHNELL UND SPANNEND

Erleben Sie die Fuggerei auf Facebook, Instagram und YouTube.

Alexander Erbgraf Fugger-Babenhausen
Vorsitzender des Fürstlich und Gräflich Fuggerschen Familienseniorats

LIEBE BESUCHERINNEN UND BESUCHER, LIEBE FUGGEREI-INTERESSIERTE,

von Anfang an war die Fuggerei etwas Besonderes, viel mehr als nur ein Dach über dem Kopf. Der Ort selbst, die Größe, die Architektur, aber vor allem der soziale Ansatz gingen über alles damals Bekannte hinaus: In Not geratene Mitbürgerinnen und Mitbürger werden durch eine günstige und qualitätsvolle Wohnung entlastet. Ihre Gegenleistung besteht aus einem kleinen monetären Beitrag und täglich drei Gebeten. Die Bewohnerinnen und Bewohner der Fuggerei waren und sind also keine Almosenempfänger, sondern führen hier ein selbstbestimmtes Leben in Würde. Die Fuggerei ist deshalb soziale Heimat und leistet gezielt Hilfe zur Selbsthilfe. Damit trägt sie seit einem halben Jahrtausend zum gesellschaftlichen Zusammenhalt bei. Der humanistische Gedanke dahinter gehört zum Grundkonzept der Fuggerei und soll für immer gelten.

Denn Jakob Fugger hat seine Nachfahren beauftragt, für den Fortbestand der Fuggerei „in ewig Zeit" zu sorgen. Als Familie nehmen wir diese Verantwortung wahr und setzen den Stifterwillen gemäß der Stiftungsurkunde von 1521 seit vielen Generationen um. Es zeigt, dass sich die Stiftungsidee in die Zukunft übertragen lässt. Mit dem Projekt Fuggerei NEXT500 wollen wir deshalb unsere Erfahrungen teilen und ins Gespräch kommen, wie mehr soziale Lebensräume nach dem Vorbild der Fuggerei entstehen können. Denn das Thema Wohnen ist eine der größten gesellschaftlichen Herausforderungen unserer Zeit. Damit stärken wir zugleich die Fuggerei hier in Augsburg und ihre Stiftungsidee.

Als Besucher, als Freunde, als Unterstützer leisten Sie einen essenziellen Beitrag für die Wahrnehmung und den Fortbestand der Fuggerei. Bleiben Sie dieser einzigartigen sozialen Heimat und ihren Menschen verbunden. Dafür danke ich Ihnen sehr herzlich im Namen des Familienseniorats, der Administration und aller Bewohnerinnen und Bewohner.

GUT ZU WISSEN

SIEBEN WICHTIGE ANTWORTEN

SEIT WANN GIBT ES DIE FUGGEREI?

Die ersten Fuggerei-Häuser ließ Jakob Fugger ab 1516 bauen. Noch im selben Jahr zogen die ersten Familien ein. Bis zur Fertigstellung 1523 folgten nach und nach weitere Bewohner. Juristisch legte Jakob Fugger die Stiftung aber erst am 23. August 1521 in einer Stiftungsurkunde fest. Deshalb gilt dieser Tag als „Geburtstag" der Fuggerei.

WAS BEDEUTET ÄLTESTE SOZIALSIEDLUNG DER WELT?

Wohnstifte für Arme gab es schon vor der Fuggerei. Aber sie ist die älteste, bis heute durchgehend bewohnte Sozialsiedlung. Bis auf zwei kurze Phasen der Zerstörung im Dreißigjährigen Krieg und im Zweiten Weltkrieg lebten immer bedürftige Menschen hier.

3 AUFNAHME-KRITERIEN

Rund 150 BEWOHNER

WER WOHNT IN DER FUGGEREI?

Im Schnitt leben heute 150 Menschen in der Sozialsiedlung. Als Bewohner werden bedürftige Paare, Familien und Alleinstehende aufgenommen, die seit mindestens zwei Jahren in Augsburg leben und katholisch sind. Alter, Herkunft oder Geschlecht spielen keine Rolle für die Aufnahme.

GUT ZU WISSEN

88 CENT MIETE

WAS „KOSTET" DIE MIETE?

Wie im Stiftungsbrief von 1521 bestimmt, besteht die Gegenleistung für eine Wohnung noch immer aus drei Gebeten am Tag, die jeder Bewohner für das Seelenheil des Stifters und dessen Familie sprechen soll, und einem Gulden pro Jahr – das sind umgerechnet 88 Cent Jahreskaltmiete, plus 88 Cent pro Jahr für den Fuggerei-Pfarrer. Außerdem zahlen die Bewohner Betriebskosten, Strom und Heizung.

3 GEBETE PRO TAG

STIFTUNGSFORST

TOURISMUS

WIE FINANZIERT SICH DIE FUGGEREI?

Grundlage für die Finanzierung der Fuggerei ist bis heute das Stiftungsvermögen, das Jakob Fugger eingebracht hat und das von seinen Nachfolgern aufgestockt wurde. Zunächst wurde das Geld gegen Zinsen angelegt, ab 1660 in Liegenschaften und Wald. Die Erträge aus dem Stiftungsforst sind bis heute die Haupteinnahmequelle für den Erhalt der Fuggerei, dazu kommen die wichtigen Einnahmen aus den Eintrittsgeldern sowie Mieteinnahmen aus Immobilienbesitz.

GUT ZU WISSEN

WER IST VERANTWORTLICH FÜR DIE FUGGEREI?

Jakob Fugger blieb kinderlos. Die Verantwortung für seine Stiftungen übertrug er testamentarisch den Nachkommen seiner Brüder. Heute existieren aus diesem Kreis drei Linien, die je einen Vertreter oder eine Vertreterin in das Fürstlich und Gräflich Fuggersche Familienseniorat entsenden. Dieses Gremium nimmt ehrenamtlich die Aufgaben einer strategischen Entscheidungsebene für die Fuggerschen Stiftungen wahr. Für die Umsetzung und das Tagesgeschäft sorgt der Administrator zusammen mit seinem Team: von den Forstleuten bis zur Buchhaltung.

WEM GEHÖRT DIE FUGGEREI?

Als Stiftung gehört die Fuggerei nur sich selbst, nicht der Familie Fugger, nicht der Stadt und nicht dem Staat. Das Stiftungsvermögen muss für die Erfüllung des Stiftungszweckes möglichst in Ewigkeit erhalten werden. Das heißt: Mit den Erträgen der Stiftung soll das Fortbestehen der Fuggerei als Wohnsiedlung für Bedürftige gesichert werden, dafür haben die Verantwortlichen zu sorgen.

GUT ZU WISSEN

ZEITLOSE IDEE: WOHNEN FÜR DIE WÜRDE

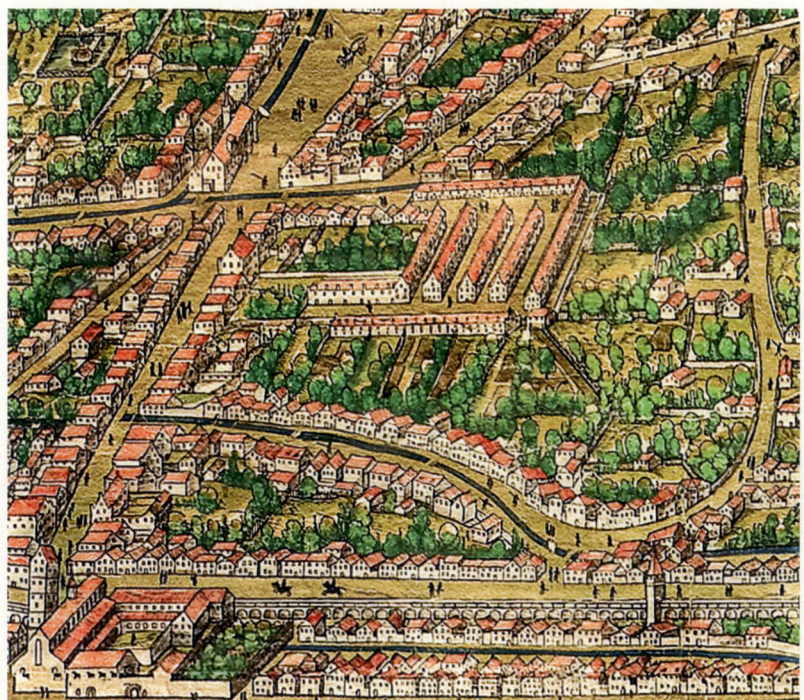

Die Fuggerei ist auf diesem Plan des Goldschmieds Jörg Seld von 1521 gut zu erkennen. Die Anlage befand sich zu dieser Zeit noch im Bau. Jakob Fugger hatte ab 1514 nach und nach Grundstücke in der Jakobervorstadt für seine Siedlung erworben. 1516 begann der Bau der Reihenhäuser unter der Leitung von Baumeister Thomas Krebs. 1523 war die Siedlung mit 52 Häusern sowie Verwaltungs- und Stallgebäude im geplanten Umfang fertiggestellt. Etwa 300 bis 350 Menschen fanden hier Platz: arme Handwerker und Tagelöhner mit ihren Familien, die dank der günstigen Miete über die Runden kamen und ein selbstständiges Leben in Würde führen konnten. Ihre heutige Dimension mit 67 Häusern bekam die Fuggerei schließlich durch Erweiterungen im 19. und im 20. Jahrhundert nach dem Zweiten Weltkrieg.

EINGANGSBEREICH
Senioratsgebäude
Administrationsgebäude
Markusplätzle
Höchstetter Erker

EINGANGSBEREICH

TOR AUF INS HERZ DER FUGGEREI

Das Senioratsgebäude

Schon die ursprüngliche Fuggerei schloss nach Norden mit einem Haus und Stallungen an der Jakoberstraße ab. 1548 wurde diese sogenannte „vordere Behausung" zum Verwalterhaus mit Toreinfahrt umgebaut. Hier liegt seitdem der Haupteingang der Fuggerei. Das heutige Gebäude stammt allerdings aus der Nachkriegszeit. Denn die Fuggerei wurde während eines Luftangriffs auf Augsburg im Jahr 1944 stark beschädigt. Mehr als zwei Drittel der Häuser mussten wieder aufgebaut werden – darunter auch das Torgebäude am Eingang. Das Obergeschoss dient heute für interne Konferenzen und die Arbeitstreffen des Fürstlich und Gräflich Fuggerschen Familienseniorats – daher der Name „Senioratsgebäude".

Im Konferenzraum tagt das Familienseniorat. Hier werden außerdem Gäste empfangen und Besprechungen mit externer Beteiligung abgehalten.

EINGANGSBEREICH

Das Restaurant „Die Tafeldecker" im Erdgeschoss hat ganzjährig für Gäste geöffnet.

Köstlich tafeln

Jakob Fugger schaut zu, wie es den Gästen schmeckt: Im Restaurant der Fuggerei genießen Sie saisonale, bayerisch-schwäbische Spezialitäten mit internationalem Twist. In den Sommermonaten und rund um Weihnachten ist auch der Biergarten für ein lauschiges Vergnügen geöffnet. Speisekarte und weitere Infos unter:
→ **www.dietafeldecker.de**

HIER GEHT'S REIN

In der Fuggerei gibt es vier Haupttore und zwei Nebeneingänge. Für Besucher ist das Tor an der Jakoberstraße heute der einzige Zugang. Die Bewohner können tagsüber auch alle anderen Pforten nutzen. Zwischen 22 Uhr und 4.30 Uhr sind alle Zugänge geschlossen. Bewohnerinnen und Bewohnern öffnet dann ein Nachtwächter das Tor in der Ochsengasse (Seite 64).

Aufschlussreich: Die Stiftertafeln

Die Steintafel und die Wappensteine mit den Fugger-Lilien über dem Tor sind historisch belegt. Sie waren bereits in der frühen Fuggerei vorhanden und wurden beim Wiederaufbau integriert. Zwei weitere Tafeln mit dem gleichlautenden lateinischen Text finden sich über den Toren zur Saugasse und zur Ochsengasse.

DER LATEINISCHE TEXT LAUTET ÜBERSETZT:

„1519: Die Brüder Ulrich, Georg und Jakob Fugger aus Augsburg, die davon überzeugt sind, zum Nutzen dieser Stadt geboren zu sein, und sich verpflichtet fühlen, ihr vom allerhöchsten und gütigen Gott empfangenes Vermögen diesem wieder zu erstatten, haben aus Frömmigkeit und zum Vorbild hochherziger Freigiebigkeit 106 Behausungen mit allen Einrichtungen ihren rechtschaffenen, aber armen Mitbürgern geschenkt, gestiftet und gewidmet."

INTERESSANT

➜ Im Jahr 1519 befand sich die Fuggerei noch im Bau, die ersten Häuser waren aber bereits bewohnt. Jakob Fuggers Brüder waren damals schon verstorben, dennoch errichtete er die Stiftung ausdrücklich auch in ihrem Namen. Damit stärkte er das Andenken und die Ehre der Familie.

➜ Der Gedanke, dass ohne Gottes Hilfe keine Güter zu erlangen seien und etwas dafür zurückgegeben werden müsse, war die Überzeugung der Zeit. Jakob Fugger äußerte diese Überzeugung auch bei weiteren Gelegenheiten.

➜ Die Stiftung der Fuggerei „in exemplum" – also als Vorbild – spielt heute eine wichtige Rolle. Denn zum 500-jährigen Jubiläum der Fuggerei im Jahr 2021 wurde mit Fuggerei NEXT500 eine ganz neue Idee vorgestellt: Weltweit können sich nun Stifter der sozialen Kernidee der Fuggerei anschließen und neue, individuelle Fuggereien gründen. (Seite 84 - 87)

· M · D · XIX ·
VDALR·GEOG·IACOB·FVGGERI·AVGVST·GERMANI·
FRATRES·QVA·BONO·REIP·SE·NATOS·QVA·FORTVNAM·
MAXIMAR·OPVM·D·O·M·ACCEPTAM·IN·PRIMIS·REFER·
ENDVM·RATI·OB·PIRTATEM·ET·EXIMIAM·IN·EXEM·
PLVM·LARGITATEM·AEDES·C·VI·CVM·OPERE·
ET·CVLTV·MVNICIPIB·SVIS·FRVGI·SED·PAV·
PERIE·LABORANTIB·D·D·D·

Oft zu sehen: Das Lilienwappen

Das Wappen mit der Doppellilie bekamen die Fugger 1473 durch Kaiser Friedrich III. verliehen und führen es seit dieser Zeit. In der Fuggerei ist es an mehreren Orten zu sehen, unter anderem in Form von Wappensteinen über Eingängen und Portalen. Auch im Augsburger Stadtbild taucht das Wappen häufig auf. Nicht nur an bestehenden oder ehemaligen Fuggerhäusern, sondern auch in vielen Kirchen, in denen Fugger als Stifterinnen und Stifter tätig waren.

Die Wappensteine über den Toren am Jakobsplatz und am Sparrenlech stammen sicher aus der Zeit Jakob Fuggers, die Steine am heutigen Haupttor spätestens von 1574. Nach der Kriegszerstörung wurden sie aus den Ruinen des Torbaus geborgen und in das neue Gebäude eingebaut. Zum Wappenschild, der bei den Fuggern das Lilienpaar zeigt, gehört in der Heraldik standardmäßig der sogenannte Wappenhelm. Der Helm des Fuggerschen Stammwappens trägt eine Lilie zwischen zwei Büffelhörnern (in Farbe: blau-gold gespalten) und hat rechts und links Büffelohren.

Hübsche Ecke: Der Höchstetter Erker

Als das neue Senioratsgebäude entstand, wurden auch Bauteile aus zerstörten Fuggerhäusern und anderen historisch bedeutsamen Gebäuden integriert. So blieben sie als sogenannte Spolien erhalten. Ein Beispiel dafür ist der Höchstetter Erker. Das Meisterwerk gotischer Steinmetzkunst stammt aus dem Jahr 1507 und ist damit älter als die Fuggerei. Ambrosius Höchstetter, ein Kaufmann, Bankier und Wettbewerber der Fugger, ließ ihn für sein Haus am Kesselmarkt anfertigen. Das Haus wurde im Zweiten Weltkrieg stark beschädigt, der Sandstein-Erker blieb aber erhalten. Lange Zeit gab es keinen passenden Ort für das Schmuckstück. Erst als 1962/63 das Senioratsgebäude der Fuggerei erweitert wurde, war das passende Umfeld gefunden. Schöne Details: die fein gearbeiteten Wappen der Familien Höchstetter und Rehlinger in der unteren Reihe. Oben sind die Wappen der Habsburger zu sehen – ein Ausdruck für Höchstetters Nähe zum Herrscherhaus.

Höchstetter Erker nach der Zerstörung im Krieg und nach dem Einbau im Senioratsgebäude der Fuggerei

Mit dem Eintritt Gutes tun

Etwa 220.000 Menschen aus aller Welt besuchen jährlich die Fuggerei. Damit ist die Siedlung eines der beliebtesten Touristenziele in Bayerisch-Schwaben. Das Eintrittsgeld kommt der Fuggerei zugute, etwa für die Instandhaltung der Wohnungen. Gerade weil die Erträge aus der Forstwirtschaft stark schwanken, sind diese Einnahmen eine wichtige Säule für die Stiftung. Im Kassendienst sind auch einige Fuggerei-Bewohnerinnen und -Bewohner aktiv, die sich hier in die Gemeinschaft einbringen und etwas dazu verdienen. Dabei geht es aber auch um den Kontakt und die Freude darüber, dass die Fuggerei ein attraktives Ziel ist.

„Ich finde es schön, dass wir auf der Welt so bekannt sind. Dass so viele Nationen hierherkommen, um dieses Projekt Fuggerei zu sehen."

Fuggerei-Bewohnerin

MITTEN IM LEBEN

Das Markusplätzle
Der lauschige Platz entstand erst im Zuge der einfassenden Bebauung nach dem Zweiten Weltkrieg. Heute ist das Markusplätzle ein beliebter Treffpunkt mit Biergartenbetrieb im Sommer und dem Christbaummarkt in der Adventszeit.

Im Winter entfaltet die Fuggerei einen besonderen Reiz. Die Fenster sind geschmückt und zeigen in der Herrengasse die Weihnachtsgeschichte. Am Markusplätzle verkaufen die Förster der Fuggerschen Stiftungswälder und der Bautrupp frisch geschlagene, heimische Christbäume zugunsten der Fuggerei. Für einen rundum gemütlichen Ausflug gibt's Schmankerl und Glühwein sowie Lichterzauber und Feuerkorb.

> **SPARTIPP**
> *Als Beigabe zu jedem gekauften Christbaum gibt es eine Gratis-Jahreskarte für die Fuggerei. Ein Grund mehr für einen winterlichen Besuch. Termine für den Christbaumverkauf ab Ende November unter:* → **www.fugger.de**

MARKUSPLÄTZLE

Kommt Zeit, kommt Platz

Am Fuggerei-Modell von 1909 lässt sich der Unterschied zwischen heute und früher gut erkennen. Denn lange Zeit gab es in der Fuggerei nur die Gassen mit ihren Kreuzungen, aber keine Plätze wie das Markusplätzle. Die Herrengasse war vielmehr vom benachbarten Grundstück durch eine Mauer getrennt. Daher wird angenommen, dass es ursprünglich in der Fuggerei weniger um Gemeinschaft als vielmehr um die Privatheit der einzelnen Haushalte ging. Zudem wurde durch die Übersichtlichkeit auch eine gewisse Kontrolle und Disziplinierung der Bewohner begünstigt. Ende des 19. Jahrhunderts ermöglichte eine Stiftung des Fürsten Leopold Fugger-Babenhausen den Kauf einiger angrenzender Grundstücke im Westen der Fuggerei, darunter das Hofgut Holeis gegenüber der Kirche St. Markus. Die Fuggerei konnte dadurch deutlich erweitert werden. Auf einem Teil des Geländes entstand nach dem Zweiten Weltkrieg das Markusplätzle.

Am Modell (links) gut zu sehen: Die Mauer am oberen Teil der Herrengasse begrenzte das Fuggerei-Gelände nach Westen auf Höhe des Hofgutes Holeis, wo nach 1879 die Verwaltung der Fuggerei beheimatet wurde. Aus dem Holeisenhof wurde später das Markusplätzle. Rechts: Eine Ansicht des Holeisenhofs von 1938.

Das Administrationsgebäude

Große Teile des Administrationsgebäudes wurden im Zweiten Weltkrieg zerstört und später wieder aufgebaut. Im EG und OG befinden sich die Büros der Stiftungsverwaltung. Im Untergeschoss wurde die Leonhardskapelle eingebaut. Das Gebäude ist nur zu bestimmten Anlässen zugänglich.

Gotik auf Wanderschaft: Die Leonhardskapelle

Die Leonhardskapelle war ehemals eine Kapelle der Familie Welser an der heutigen Karolinenstraße. Später wurde sie zum Restaurant umgenutzt und schließlich im Zweiten Weltkrieg stark beschädigt. Im Einvernehmen mit der Stadt Augsburg und der Familie Freyinger, den letzten Eigentümern, fand die Kapelle ein neues Zuhause im Administrationsgebäude der Fuggerei. Die noch erhaltenen Teile

wurden mit Ergänzungen wieder zu einem beeindruckenden Gewölbe mit gotischen Spitzbögen zusammengesetzt. 1966 konsultierte hier auf Einladung von Joseph Ernst Fürst Fugger von Glött das Schwäbische Hochschulkuratorium, dessen Einsatz zur Gründung der Universität Augsburg führte. Auch heute dient die Leonhardskapelle für Treffen und Veranstaltungen.

Gut versteckt: Der Faun

Raimund von Doblhoff, der Architekt des Wiederaufbaus der Fuggerei, war ein großer Sammler von architektonischen Fundstücken. Einige ließ er in der Fuggerei einbauen, etwa das weinumrankte Faunsgesicht. Vermutlich diente das gehörnte Wesen einst als Wasserspeier an einem Brunnen.

Haus des Administrators

Der Administrator lebt traditionell in einer Dienstwohnung auf dem Fuggerei-Gelände. Früher war diese Wohnung im Torgebäude, dem heutigen Seniorat, untergebracht. Damals brachte der Verwalter die Mieten der Fuggerei-Wohnungen ein und hatte die Aufsicht über die Bewohner. Nach dem Zweiten Weltkrieg entstand für den Administrator ein neues Haus am Markusplätzle. Er nimmt die Aufgaben eines Geschäftsführers für die Fuggerschen Stiftungen wahr.

Psalm-Tafel

Der Ursprung dieser Tafel neben dem Haus des Administrators ist unklar. Gleichwohl ist das Markusplätzle ideal für eine geruhsame Überlegung zum Sinn des Lebens mit Psalm 90: „Unser Leben währet siebzig Jahre, und wenn's hoch kommt, so sind's achtzig Jahre, und wenn's köstlich gewesen ist, so ist es Mühe und Arbeit gewesen; denn es fährt schnell dahin, als flögen wir davon."

HERRENGASSE
FINSTERE GASSE
MITTLERE GASSE
SAUGASSE
HINTERE GASSE

Holz- und Blatternhaus
Brunnen
Museum der Geschichte und des Wohnens

2

AUF ACHSE: DIE HERRENGASSE

Ab hier ist Heimat

Schon im Eingangsbereich erschließt sich auf einen Blick die schnurgerade Anlage der Fuggerei mit der Herrengasse als Hauptachse, von der rechts und links weitere Gassen abzweigen. Dabei entstand die prägnante Gasse erst nach der östlich gelegenen Saugasse. Dies lässt sich heute noch an der Reihenfolge der Fuggerei-Hausnummern ablesen, die vor 500 Jahren mit der Nummer 1 in der Saugasse begann. Heute begegnen sich in der Herrengasse alle, die in der Fuggerei wohnen, arbeiten oder zu Besuch sind. Schon seit den Anfängen der Fotografie gehört sie zu den meist geknipsten Motiven in der Fuggerei. Außerdem ist sie der ideale Start durch die Fuggerei der Bewohnerinnen und Bewohner – herzlich willkommen in ihrer Mitte!

Klug gedacht, gut gemacht

Jakob Fugger und sein Baumeister Thomas Krebs schufen mit der Fuggerei eine Innovation, deren Details überaus durchdacht waren. Von Anfang an war die Siedlung für Funktionalität, Qualität und vergleichsweise sehr hohen Wohnkomfort bekannt. In der Herrengasse fallen einige Merkmale ins Auge.

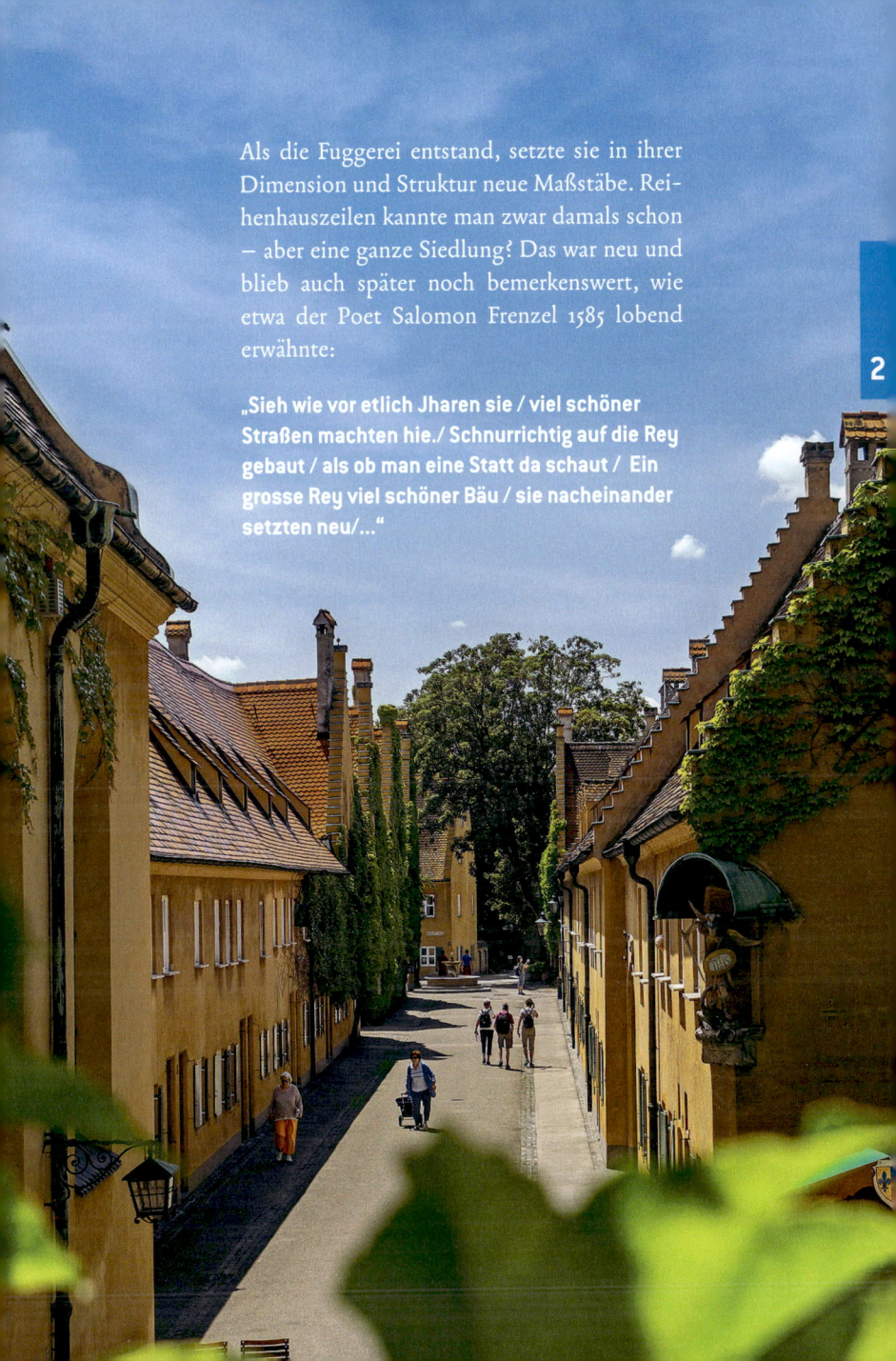

Als die Fuggerei entstand, setzte sie in ihrer Dimension und Struktur neue Maßstäbe. Reihenhauszeilen kannte man zwar damals schon – aber eine ganze Siedlung? Das war neu und blieb auch später noch bemerkenswert, wie etwa der Poet Salomon Frenzel 1585 lobend erwähnte:

„Sieh wie vor etlich Jharen sie / viel schöner Straßen machten hie./ Schnurrichtig auf die Rey gebaut / als ob man eine Statt da schaut / Ein grosse Rey viel schöner Bäu / sie nacheinander setzten neu/..."

Herrengasse 5

HIMMLISCH

Die Skulptur an der Ecke Markusplätzle/Herrengasse zeigt den Erzengel Michael, wie er mit seinem Schwert den Teufel besiegt. Siebzehn solcher Hausheiligen und auch Hausmadonnen sind in der Fuggerei zu finden. Schon in der Gotik war es üblich, Häuser damit unter den Schutz eines oder einer bestimmten Heiligen zu stellen. Als Augsburg in der Reformationszeit evangelisch wurde, verschwanden viele Hausheilige von den Fassaden. Besonders im Barock konnten sich katholische Gläubige dann wieder vermehrt mit Hausmadonnen zu ihrem Glauben bekennen, und so schmücken besonders barocke Madonnen viele alte Häuser in der Innenstadt. Skulpturen von Heiligen blieben aber weiterhin selten. In der durchgängig katholisch geprägten Fuggerei gibt es hingegen sehr viele Hausheilige, darunter einige in Augsburg einzigartige Darstellungen wie den heiligen Florian.

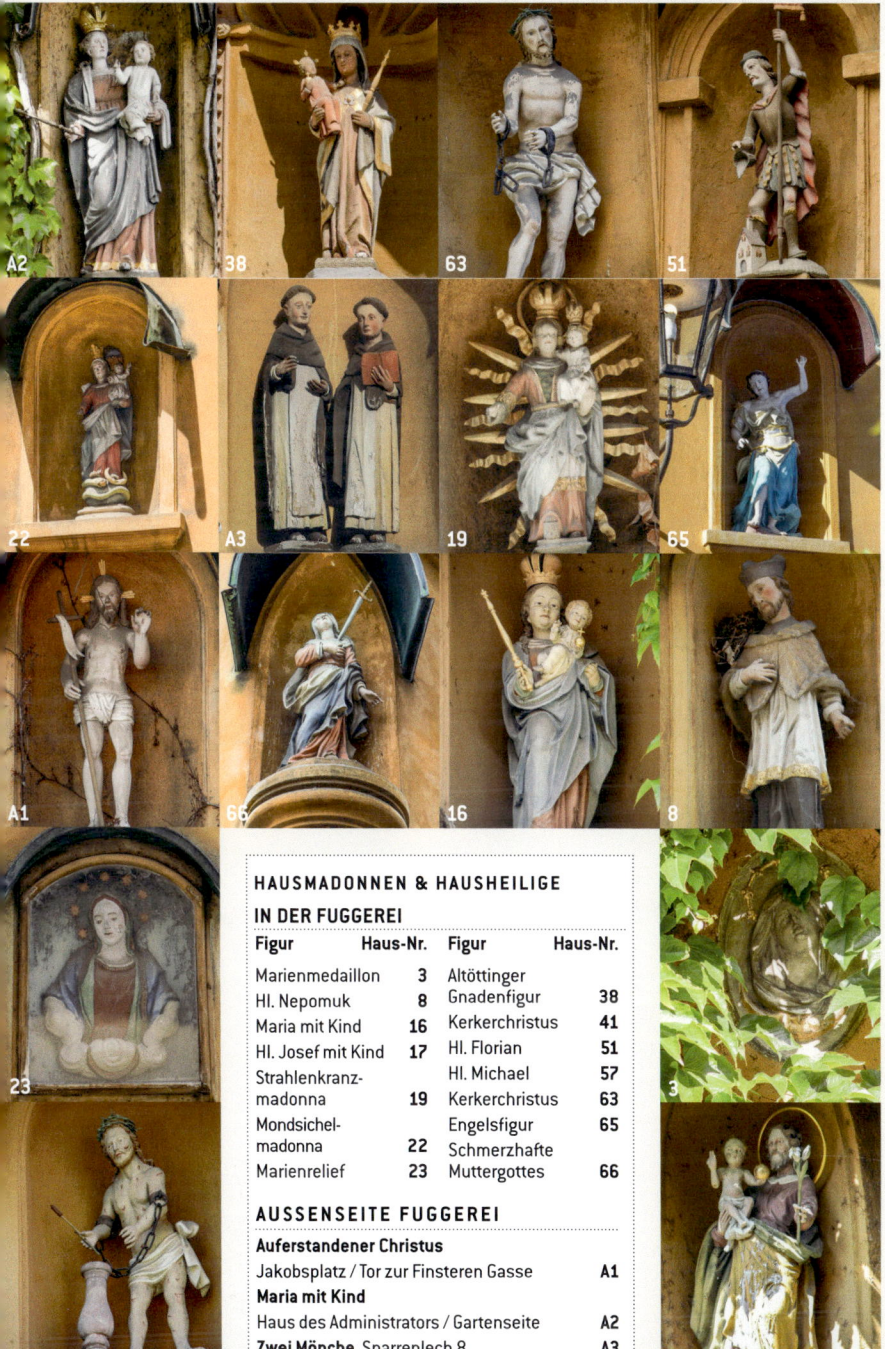

HAUSMADONNEN & HAUSHEILIGE
IN DER FUGGEREI

Figur	Haus-Nr.	Figur	Haus-Nr.
Marienmedaillon	3	Altöttinger Gnadenfigur	38
Hl. Nepomuk	8	Kerkerchristus	41
Maria mit Kind	16	Hl. Florian	51
Hl. Josef mit Kind	17	Hl. Michael	57
Strahlenkranzmadonna	19	Kerkerchristus	63
Mondsichelmadonna	22	Engelsfigur	65
Marienrelief	23	Schmerzhafte Muttergottes	66

AUSSENSEITE FUGGEREI

Auferstandener Christus
Jakobsplatz / Tor zur Finsteren Gasse **A1**
Maria mit Kind
Haus des Administrators / Gartenseite **A2**
Zwei Mönche Sparrenlech 8 **A3**

Zwei Eingänge für die Würde

Die Reihenhäuser bestehen aus einer Erdgeschoss- und einer Obergeschosswohnung. Statt eines gemeinsamen Treppenhauses hat jede Wohnung einen eigenen Zugang von der Straße. So wurde das Bewusstsein eines eigenen Hausstandes und damit die Würde der Bewohner gestärkt. Allerdings unterstützen die getrennten Eingänge auch eine gewisse Sozialkontrolle: Es ist gut zu erkennen, wer in welcher Wohnung ein- und ausgeht. Nach eigener Bekundung schätzen die Fuggerei-Bewohnerinnen und -Bewohner den direkten Zugang aber sehr.

Im Erdgeschoss geht's direkt in die Wohnung, ins Obergeschoß führt eine Treppe.

Die typische Fuggerei-Wohnung

Seit 500 Jahren leben nahezu ununterbrochen Menschen in der Fuggerei. Das ist nur möglich, weil sich auch hier vieles weiterentwickelt hat. So hatten die Wohnungen früher kein Bad, sondern eine Küche, zwei Kammern und eine Stube. Die Standardwohnung ist seit jeher etwa 60 qm groß, hat aber heute zwei Zimmer, Küche und Bad. Es gibt aber auch Ein-Zimmer-Wohnungen und bis zu 140 qm große mit drei oder vier Zimmern für Familien. Traditionell gehört zu den meisten Wohnungen im Erdgeschoss ein kleiner Garten oder Hof. Den Obergeschosswohnungen ist dafür der Dachboden als zusätzlicher Stauraum zugeordnet. Die Wohnungen entsprechen heutigen Standards, sie haben moderne Bäder, Fernwärmeheizung, TV und Internet. Die individuelle Einrichtung kommt von den Bewohnern.

Auch halb noch wertvoll

In schwierigen Zeiten wurden die einzelnen Wohnungen häufig geteilt, damit mehr Menschen in der Fuggerei Platz fanden. So kamen etwa nach dem Dreißigjährigen Krieg, aber auch während der Industrialisierung oder nach den Weltkriegen oft zwei Parteien in einer Wohnung unter. Selbst einzelne Zimmer mit Küchen- und Toilettenmitbenutzung waren in solchen Phasen begehrt.

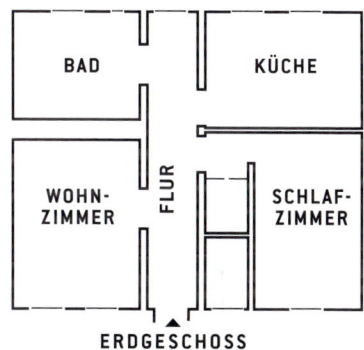

Gedacht zum Wohnen und Arbeiten

Der großzügige Wohnungsschnitt ist bis heute ein wichtiger Bestandteil von Jakob Fuggers Idee, bedürftige Mitbürger zu unterstützen. Denn anders als in den üblichen Armenstiften konnte in den Häusern auch gearbeitet werden, zudem hatte die ganze Familie Platz. Viele Handwerker unter den Fuggerei-Bewohnern richteten in der Stube oder in einer Kammer, im Dachboden, Hof oder in der Holzhütte ihre Werkstätten ein. So sparten sie Geld und konnten besser vom Lohn ihrer Arbeit leben. In der Fuggerei gab es Weber, Färber, Metzger, Schuster, Schneider und sogar einen Schmied. Viele Frauen verrichteten Heimarbeit als Spinnerin, Näherin oder Wäscherin.

Auch in den 1950er Jahren arbeiteten noch einige Fuggerei-Bewohner zum Beispiel als Schneider oder Schuster in ihrem Zuhause.

WOHNRAUM HAT VORRANG

Bis auf wenige Gebäude für Verwaltung, Werkstatt und Museen sind alle Häuser in der Fuggerei dem Wohnen vorbehalten. Wohnungen stehen nur leer, wenn nach einem Auszug größere Modernisierungen geplant sind, z. B. ein neues Bad. Oft leben Bewohnerinnen und Bewohner jahrzehntelang in der Fuggerei, sodass die Standards der Wohnungen nicht überall gleich sind.

Gemeinschaft erleben im Fuggerei-Treff

Das gelingende Miteinander in der Siedlung wird unterstützt durch Aktivitäten, die von den Sozialpädagoginnen der Fuggerei, aber auch ehrenamtlich von Bewohnerinnen und Externen gestaltet werden. Im Mittelpunkt steht dabei der Fuggerei-Treff im Haus Nr. 57. Hier finden vom wöchentlichen Frühstück und Kaffeeklatsch bis zu Lesungen, Konzerten und Filmabenden viele gemeinschaftliche Veranstaltungen statt.

„Nach mehr als 40 Jahren Arbeitszeit hatte ich das Glück, in der Fuggerei eine Wohnung bekommen zu haben. Hier kann ich mich wieder einbringen in meinen gastronomischen Beruf, mit einem Ehrenamt, das macht mich sehr glücklich."

Fuggerei-Bewohnerin

Die „Witwengebäude"

Nach dem Zweiten Weltkrieg wurden in der Herrengasse und in der Neuen Gasse zwei Gebäude mit Einzelzimmern, gemeinschaftlicher Küche und Toilette für Witwen oder Witwer und Alleinstehende errichtet. Später legte man die Zimmer teilweise wieder zu unterschiedlich großen Wohnungen zusammen.

Wilhelm Schmid

LÄSST SICH HEIMAT PLANEN?

Was für eine heimelige Atmosphäre! Durch die Fuggerei zu wandern, ist immer eine schöne Erfahrung. Schon als ich als junger Mann zehn prägende Jahre in Augsburg verbrachte, machte ich das gerne. Hier war die Welt in Ordnung, das tat mir gut, wenn sie in mir selbst aus den Fugen war. Später habe ich meiner in Berlin neu gegründeten Familie bei Heimatbesuchen das Kleinod der Fuggerei gezeigt.

WILHELM SCHMID

geboren 1953 in einem Ortsteil von Krumbach in Bayerisch-Schwaben, lebt als freier Philosoph und Autor in Berlin. Er studierte Philosophie und Geschichte in Berlin, Paris und Tübingen, und lehrte Philosophie als außerplanmäßiger Professor an der Universität Erfurt. 2021 erschien sein Buch „Heimat finden – Vom Leben in einer ungewissen Welt" (Suhrkamp Verlag).

Die Fuggerei ist der Beweis: Ja, Heimat kann man planen. Man braucht nur sachkundige Menschen dafür, die ein gutes Gespür haben, wie beim Kochen. Was sind die Zutaten? Ein menschliches Maß. Die Häuser sollen die Bewohner und Passanten nicht mit schierer Größe erschlagen, sondern ihnen Geborgenheit versprechen, denn das ist Heimat: Vertrautheit und Geborgenheit. Die Räume können das ausstrahlen, bevor sie überhaupt betreten werden. Ecken, Erker, Nischen schaffen Lieblingsplätze, aus deren Schutz heraus das Treiben der Welt beobachtet werden kann. Gleich nebenan müssen Nachbarn wohnen, um sich nicht einsam und verlassen zu fühlen, wie es in anonymen Riesenhäusern leicht geschehen kann.

Auf den Straßen, an denen sich die Gebäude aneinanderreihen, sollen die Menschen sich sicher fühlen, denn Heimat ist auch Schutz. Wo Unsicherheit vorherrscht, ist keine Geborgenheit möglich. Die Heimat vermittelt Gewissheit in einer ungewissen Welt. Sie darf gerne idyllisch aussehen. Idyllen sind erholsam. Dass das Leben und die Welt keine reinen

Idyllen sind, wissen alle, aber alle lieben auch Räume für den Rückzug, in denen sie sich nicht ständig allen möglichen Gefahren ausgesetzt sehen.

Unbedingt braucht die Heimat eine Gaststätte, ein Café, um die gewohnte Umgebung auch mal für einen Moment hinter sich lassen zu können. Wie schön ist es, sich in der gastlichen Umgebung bei einer Tasse Kaffee gemütlich zurückzulehnen und vielleicht mit anderen zu plaudern – zu „ratschen", wie das in Augsburg heißt. Fremden bietet die Gaststätte eine Möglichkeit, hinter die Fassaden zu gelangen, statt vor ihnen stehenbleiben zu müssen. Wie sehr das vermisst werden kann, hat die geschlossene Gastronomie während der Corona-Pandemie 2020/21 allen schmerzlich vor Augen geführt.

Ist das nun bürgerlich? Ja, im besten Sinne! Jede Gesellschaft ist auf Menschen angewiesen, die stolz auf ihre Umgebung sind. Ihnen ist nicht alles egal. Bürger leben gerne in der Gesellschaft, die ihnen Raum gibt, sodass sie sich zugehörig fühlen können. In einer Gesellschaft, die Menschen schon räumlich an den Rand und darüber hinaus drängt, entsteht keine Bürgerlichkeit. Die Fuggerei war und ist der gelungene Versuch, für diejenigen eine Heimat zu bauen, die ansonsten an den Rand geraten wären.

> „Dass das Leben und die Welt keine reinen Idyllen sind, wissen alle, aber alle lieben auch Räume für den Rückzug, in denen sie sich nicht ständig allen möglichen Gefahren ausgesetzt sehen."
>
> Wilhelm Schmid

SCHÖNHEIT IM DETAIL

Nostalgische Gaslaternen

Im Jahr 1864 erhielt die Fuggerei eine damals sehr moderne Straßenbeleuchtung: Neun Gaslaternen erhellten nun die Gassen der Siedlung. Und obwohl im 20. Jahrhundert das elektrische Licht Einzug hielt, blieben nach einer Entscheidung von 1976 auch sechs Gaslaternen in der Fuggerei erhalten. Sie sind heute an das moderne Gasnetz der Stadtwerke angeschlossen und bringen als die letzten Gaslaternen in Augsburg mit ihrem warmen Schimmer auch die Augen zum Leuchten.

Individuelle Klingelzüge

Jeder der schmiedeeisernen Griffe an den Klingelzügen der Fuggerei-Wohnungen unterscheidet sich ein wenig von den anderen. Denn jahrhundertelang waren Gassen und Straßen in den Städten nachts nicht beleuchtet, sondern einfach stockfinster. Dank der unterschiedlichen Griffe konnten sich die Fuggerei-Bewohner bei später Heimkehr wohl besser orientieren. Auch wenn die Verlockung groß ist: Bitte nicht an den Griffen ziehen, die meisten Klingelzüge funktionieren.

Biedermeier-Optik

Der warme Ockerton der Fuggerei-Fassaden, die weißen Fensterrahmen und das satte Grün der Fensterläden kamen erst während des Biedermeier um die Mitte des 19. Jahrhunderts in Mode und in die Fuggerei. Vorher waren die Fassaden hier im grau-gelblichen Ton des Augsburger Maurersandes verputzt. Die hölzernen Fensterläden waren wohl naturfarben.

Prägnante Dächer

Die Treppengiebel mit ihren markanten Firstaufsätzen sind typisch für den Augsburger Hausbau zur Entstehungszeit der Fuggerei. Auch die aufgesetzten Gauben waren damals üblich. Dagegen gibt es die sogenannten russischen Kamine in der Fuggerei erst seit Anfang des 20. Jahrhunderts. Sie ersetzten nach und nach die großen deutschen Kamine, da sie dank eines kleineren Querschnitts besser ziehen.

Ziegel-Zauber

Bis ins späte 19. Jahrhundert waren die Dächer der Fuggerei noch mit einer Ziegelbedachung aus „Haggen und Preiß" (auch bekannt als „Mönch und Nonne") gedeckt und oft moosbewachsen. Die Dachrinnen hatten lange, von Eisenstangen gestützte, schnabelartige Fortsetzungen, über die das Regenwasser in die Gassen geleitet wurde. Bis zum vollständigen Anschluss der Fuggerei an das Kanalnetz floss das Wasser über offene Regenrinnen entlang der Gassen ab.

ABGESCHIRMT UND RUHIG

Die Finstere Gasse

Tatsächlich ist die Finstere Gasse recht hell. Vielleicht weist ihr Name auf die schattigen Innenhöfe zwischen Finsterer und Mittlerer Gasse hin. Von außen sind diese Höfe nicht einsehbar. Auf der Nordseite der Gasse liegen dagegen richtige Gärten – von ihren Besitzern gestaltet und mit Mauern geschützt. Das Tor am Ende der Gasse war wie alle Fuggerei-Tore bis 2006 tagsüber für Passanten geöffnet. Heute genießen die Bewohner die Ruhe einer kleinen Sackgasse.

Finstere Gasse und Blick in die Innenhöfe der Finsteren Gasse

Mehr Licht!

Ursprünglich waren die Fensteröffnungen in der Fuggerei kleiner und teils auch weniger. Aber es gab dort schon Butzenscheiben aus Glas statt geöltem Leinen oder Pergament, wie damals noch vielerorts üblich. Allerdings waren die Scheiben im 16. Jahrhundert aus grünlichem, sogenanntem Waldglas, und so herrschten wohl gedämpfte Lichtverhältnisse. Als später großflächigere Fenster üblich und günstiger wurden, vergrößerte man auch in der Fuggerei die Öffnungen Das geschah etwa bei Renovierungen, z. B. nach den Zerstörungen durch die Schweden im Dreißigjährigen Krieg.

> **LESETIPP**
>
> *In dem kleinen Band „Barfuss durch die Finstere Gass" schildert der Autor Reiner Schmidt seine Kindheit bei den Großeltern in der Fuggerei vor und während des Zweiten Weltkriegs. Die Erinnerungen zeichnen ein authentisches und berührendes Zeitbild aus der Sicht eines Kindes.*

Besuch im 16. Jahrhundert bei Familie Holzwart

Die Holzwarts lebten von 1520 bis mindestens 1552 in der Fuggerei, unter anderem in der Finsteren Gasse 28. Jörg Holzwart arbeitete als Holzmesser, seine Frau Afra war Hausfrau. Die Holzwarts hatten drei Kinder. Jörgs Arbeit begann im Morgengrauen und endete bei Einbruch der Dunkelheit – im Sommer dauerte sein Arbeitstag deshalb länger als im Winter. Als Holzmesser war Jörg viel unterwegs. Wenn die Holzbauern ihr Brennholz in der Stadt ablieferten, kontrollierte Jörg bei den Kunden die angegebene Liefermenge. Dazu musste er das Holz in einer bestimmten Breite und Höhe aufschichten. Die Arbeit war anstrengend und schlecht bezahlt. Nach der Arbeit aß er mit der Familie zu Abend. Sie saßen in der Stube, die sich bei Bedarf auch beheizen ließ. Kleine Öllichter sorgten für etwas Helligkeit. Aber Öl und Talg für die Beleuchtung kosteten Geld und wurden nur sparsam eingesetzt. Es war deshalb üblich, bald nach Einbruch der Nacht schlafen zu gehen.

NACHTLICHT

In den Kammern der Fuggerei-Wohnungen diente eine Nische zum sicheren Aufstellen von Öllämpchen oder Kienspänen. Kienspäne waren preiswert, brannten aber nur kurze Zeit. Die harzreichen Holzstücke wurden in eine Halterung gespannt und angezündet. Sie gaben genug Licht, um sich für einige Minuten zu orientieren – etwa um sich auszukleiden und ins Bett zu gehen.

Jörg Holzwart mit Mess-Stab. (Fiktive Darstellung)

WO SICH DIE GASSEN KREUZEN

Für Kuren gegen Syphilis: Das Holzhaus

Ab Ende des 15. Jahrhunderts verbreitete sich in Europa die „Franzosenkrankheit" oder „Blattern", heute als Syphilis bekannt. Als Heilmittel setzte man auf Kuren mit Quecksilber oder mit dem Holz des subtropischen Guajakbaumes. Schon ab 1520, also noch zu Jakob Fuggers Lebzeiten, wurden solche „Holzkuren" auch in der Fuggerei durchgeführt. Arme Menschen, die an Syphilis erkrankten oder an ähnlichen Beschwerden litten, konnten sich hier kostenfrei einer mehrwöchigen Holzkur unterziehen, bei der vor allem Absud aus dem Guajakholz nebst Rauchanwendungen, Schwitzbädern und Aderlässen verabreicht wurde. Für die Behandlung wurden die drei Häuser Nr. 40 bis 42 zum sogenannten „Holzhaus" zusammengelegt. Der berühmte Augsburger Arzt Adolph Occo II. und seine Nachfolger waren für die medizinische Begleitung zuständig. Die Finanzierung erfolgte zunächst aus privaten Mitteln der Fugger und wurde ab 1548 durch die Holz- und Blatternhausstiftung von Anton Fugger und Neffen geregelt. Die bis zu 22 Patienten mussten als Beitrag lediglich eine Beichte einbringen. Ob es geholfen hat? Krankenrichte im Fuggerarchiv erzählen von Heilerfolgen wie auch von Therapieversagen. Mitte des 17. Jahrhunderts endete der Betrieb des Holzhauses. Aber die Holz- und Blatternhausstiftung existiert noch immer und finanziert die Instandhaltung der drei Häuser 40 bis 42.

FUGGER UND GUAJAK

Guajakholz wurde über Häfen in Antwerpen, Lissabon und Sevilla importiert und über Apotheken vertrieben. Die Ärzte in der Fuggerei bezogen es aber direkt von den Fuggerschen Faktoreien in den Hafenstädten. Die Befürworter der konkurrierenden Quecksilbertherapie warfen den Fuggern vor, sich am Vertrieb des Guajakholzes zu bereichern. Die Zahlen belegen jedoch, dass die Gewinnspanne sehr gering war und der Handel mit dem Guajakholz nur wenig Anteil am Geschäftsvolumen der Fugger hatte. Ihr Handelsnetz konnte das ergiebige Guajakholz ohne Mühen besorgen.

Schön am Brunnen

Als beliebtes Postkartenmotiv transportierte das Brunnenszenario schon vor mehr als hundert Jahren ein idyllisches Bild der Siedlung in die Welt – obwohl natürlich gerade das Wasserschöpfen harte Arbeit war. Dennoch: Am Brunnen konnte man auch immer mal ein kleinen Ratsch halten. Noch weit im 20. Jahrhundert füllte man hier die Eimer, bis schließlich im Zuge des Wiederaufbaus nach dem Zweiten Weltkrieg in den Wohnungen fließendes Wasser zur Verfügung stand.

Wasser schöpft hier niemand mehr, aber ein schöner Blickfang ist der Brunnen allemal.

Geschichte des Brunnens

In der Fuggerei standen bereits im 16. Jahrhundert Brunnen, die wohl aus einem privaten Brunnenwerk und später von städtischen Wassertürmen gespeist wurden. Um 1635 waren in der Fuggerei dann bereits drei Röhrbrunnen in Betrieb, aus denen Trink- und Brauchwasser floss. Besonderheit: Das Wasser aus solchen Röhrbrunnen konnte man einfach „vornehm" schöpfen, statt es mit Muskelkraft aus dem Boden zu pumpen. Einen Vorläufer des Brunnens in der Herrengasse gab es wohl schon 1599: ein hölzerner Röhrbrunnen, der bis 1744 in Betrieb war und dann durch einen steinernen Brunnen ersetzt wurde. Seit 1846 plätschert ein gusseiserner Schalenbrunnen an seiner Stelle.

Die Bank am Brunnen ist der traditionelle Sitzplatz für Bewohner und Bewohnerinnen der Fuggerei, die hier in wechselnder Besetzung zusammenkommen und sich über Neuigkeiten aus der Welt und der Fuggerei austauschen.

DURCH DIE MITTLERE GASSE

Auch hier: Die Mozarts

In der Mittleren Gasse 14 lebten direkte Vorfahren des berühmten Wolfgang Amadeus Mozart: seine Urgroßeltern Franz und Anna. Franz Mozart (geb. 3. Oktober 1649) wurde wie sein Vater und sein Bruder Maurermeister. Weil die Brüder Mozart 1677 bei der Beerdigung eines Scharfrichtergehilfen die Totenbahre getragen hatten, was damals wegen des Berufs des Verstorbenen als unehrenhaft galt, wurde ihnen beinahe ihr Handwerk verboten.

Auf der Tafel ist das Sterbejahr von Wolfgang Amadeus' Urgroßvater Franz falsch angegeben. Tatsächlich starb Franz Mozart 1694.

UNGEKLÄRTE VERHÄLTNISSE

Ob Franz Mozart, wie manchmal behauptet, in der Fuggerei als Stiftungsbaumeister tätig war, lässt sich nicht belegen. Sicher ging er einer Arbeit nach, aber Einträge in den Steuerbüchern zeigen, dass er in den letzten fünf Jahren seines Lebens gerade noch die Kopfsteuer und das Wachgeld zahlen konnte. Der niedrige Steuersatz weist auf finanzielle Probleme hin. Möglicherweise litt er an einer Krankheit oder schwächlichen Konstitution, konnte weniger Aufträge bearbeiten und musste deshalb in die Fuggerei ziehen. Bis heute liegen die Gründe dafür im Dunkeln.

Letztlich blieb der Skandal aber ohne Folgen. 1678 heirateten Franz und die aus einer armen Tagelöhner-Familie stammende Anna Härrer. 1681 zogen sie in die Fuggerei. Mit ihren drei Kindern wohnten sie in der Mittleren Gasse 14, wo Franz Mozart mit nur 45 Jahren starb. Wie damals üblich, musste die Witwe mit ihren Kindern in eine sogenannte Witwenwohnung im Haus Nr. 22 umziehen. Franz' und Annas ältester Sohn Johann Georg begann später eine Lehre zum Buchbindermeister. Dessen Sohn Leopold Mozart wurde als Komponist und Musiker bekannt – und als Vater und unermüdlicher Förderer von Wolfgang Amadeus.

Zeitlose Kunst: Kompassmacher Schrettegger

Er war der letzte Vertreter einer großen Augsburger Handwerkstradition: Johann Nepomuk Schrettegger, Kompass- und Sonnenuhrhersteller (geb. um 1765). Von ihm stammen zahlreiche Zeitmesser, die heute in Museen weltweit ausgestellt sind. Mit seinem begnadeten Können kam Schrettegger leider etwas zu spät – in der beginnenden Industrialisierung lohnte sich die handwerkliche Herstellung von Uhren nicht mehr. 1818 bat er aufgrund seiner „erbärmlichen finanziellen Lage wegen gänzlichen Darniederliegens seines Geschäftes" um Aufnahme in die Fuggerei. 1823 zog die Familie in die Mittlere Gasse 18. In der Fuggerei ging Schrettegger weiter seinem Handwerk nach, bis er 1843 verstarb.

Die kunstvollen Zeitmesser von Johann Nepomuk Schrettegger sind heute in Museen weltweit ausgestellt.

SICHTBARES GEFÄLLE

Die Jakobervorstadt liegt tiefer als die „Oberstadt" mit Rathaus und Perlach. Der Blick aus der Mittleren Gasse ist malerisch. Er verdeutlicht aber auch den sozialen Unterschied zwischen der prachtvoll bebauten Oberstadt der Renaissancezeit und dem Viertel am damaligen Stadtrand, wo vor allem arme Tagelöhner und kleine Handwerker lebten.

MUSEUM DER GESCHICHTE UND DES WOHNENS IN DER FUGGEREI

Start der Ausstellung: Hausnummer 14

Seit einem halben Jahrtausend erfüllt die Fuggerei ihren Stiftungsauftrag. Thema der Ausstellung sind die großen Ideen, Ereignisse und Entscheidungen in dieser langen Zeit und natürlich die relevanten Personen von Jakob Fugger bis heute. Bilder, Grafiken und Texte vermitteln die wichtigsten Infos. Vertiefte Einblicke bieten interaktive Stationen mit spannenden Animationen, Audio- und Videobeiträgen.

Raum 1: Wie alles begann

Welche Ursachen waren ausschlaggebend für die Stiftung der Fuggerei im Jahr 1521? Wie sah die damalige Weltstadt Augsburg aus, warum gelang der Aufstieg der Familie Fugger gerade hier, wie waren die sozialen Verhältnisse? Raum 1 erklärt Interessantes zum Leben in Augsburg, zur Familie Fugger und zu Jakob Fuggers Motivationen als Stifter.

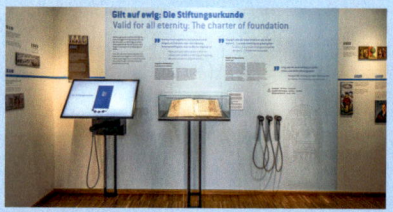

Raum 2: Gilt auf ewig – der Stiftungsbrief

Ein Gulden (heute 88 Cent) Jahresmiete, drei Gebete am Tag, bedürftige Augsburger katholischen Glaubens: Warum gelten diese und andere Bestimmungen in der Fuggerei? Im Stiftungsbrief von 1521 sind sie festgelegt, wie auch weitere innovative und weitsichtige Vorgaben. Die Originalurkunde ist als Faksimile ausgestellt, eine Medienstation erläutert ihre Auslegung im Laufe der Zeit und warum ihre Kerngedanken auf ewig gelten. Mit Schätzspiel zum Gulden, Filmen zur Finanzierung der Fuggerei und den drei Gebeten zum Anhören.

Raum 2-3: Gang der Geschichte

Die wichtigsten Stationen der Fuggerei im historischen Kontext: Ein Zeitstrahl bringt die Entwicklungen auf den Punkt – von der sozialen Lage in Augsburg im Jahr 1475 bis zum Wiederaufbau der Fuggerei nach dem Zweiten Weltkrieg. Außerdem: das A-Z der Fuggerschen Stiftungen in einem digitalen Lexikon.

Raum 3: Familiensache Stiftung

Die Fuggerei soll ewig bestehen, ebenso wie die weiteren acht Fuggerschen Stiftungen. Wie Jakob Fuggers Nachfolger trotz vieler Krisen in den letzten 500 Jahren diesen Auftrag erfüllt haben und welche Ideen es für die Zukunft der Fuggerei gibt, ist hier das Thema. Mit interaktiven Grafiken und kurzen Animationsfilmen zu den maßgeblichen Personen, Ereignissen und Entscheidungen.

Übergang Mittlere Gasse 13: Lebensraum Fuggerei

Menschen, Geschichten und Strukturen aus 500 Jahren spielen die Hauptrolle in diesem Raum. In aufwendigen Animationsvideos wird das Leben in der Fuggerei beleuchtet, von der Architektur über historische Ereignisse bis zu den berührenden Schicksalen einiger Bewohnerinnen und Bewohner.

Weiter im historischen Original: Hausnummer 13

Die Ausstellungsräume in diesem Haus stammen in Teilen noch aus dem Jahr 1517. Die Einrichtung wurde nach historischen Vorbildern rekonstruiert. Schon immer konnten sich die Bewohner in der Fuggerei aber ganz individuell einrichten. Wie ihr Alltag in den einzelnen Räumen und Epochen ausgesehen haben könnte, zeichnen spannende Visualisierungen und Hörgeschichten nach. Dafür wurden im Fuggerarchiv und im Stadtarchiv Augsburg Bewohnerbiografien aus fünf Jahrhunderten recherchiert.

Ein Gang durch 500 Jahre: Der Flur

Hier starten die Wohngeschichten von und mit fünf Familien, die als Fuggerei-Bewohner historisch belegt sind. Decke und Wände im Flur sind aus Holzbrettern, wie zur Entstehungszeit der Fuggerei. Im Flur befindet sich auch der Zugang zu einem der ab 1890 in der Siedlung üblichen Aborte. Nach dem Zweiten Weltkrieg ermöglichte dann der Anschluss ans städtische Kanalnetz den Einbau von Spülklosetts.

Gut haushalten: Die Küche

In der Küche wurde zur Entstehungszeit der Fuggerei nur gekocht und geheizt, als Essplatz dienten Küchen erst später. Auch die Körperhygiene erledigte man in der Küche, wo sich Wasser erhitzen ließ. Wie die Küche funktionierte, welche Möbel, Gebrauchsgegenstände und Lebensmittel die Familien benutzten, zeigen neben den rekonstruierten Objekten auch zwei Medienstationen mit eindrucksvollen Geschichten und Bildern aus fünf Jahrhunderten.

Allzweckraum: Die Stube

Der historische Wandel zeigt sich in der Funktion von Räumen deutlich: Früher war die beheizbare Stube ein Ort zum Arbeiten, Essen und Zusammensein mit der Familie. Erst ab dem ausgehenden 19. Jahrhundert wurde sie verstärkt als „gute Stube" zum Vorläufer des Wohnzimmers. An den Medienstationen vermitteln digitale Zeitreisen lebendige Einblicke in die unterschiedlichen Raumnutzungen, die Lebensumstände und die Arbeitswelten der historischen Fuggerei-Familien.

Zur Ruhe kommen: Die Schlafkammer

Mit zwei unbeheizten Kammern bot eine Fuggerei-Wohnung relativ viel Platz für eine flexible Nutzung. Dies ermöglichte es etwa Familien, genügend Schlafplätze einzurichten. Die Wohnungen konnten so auch relativ einfach geteilt werden, zum Beispiel für zwei Witwenhaushalte. Wie sich die Einrichtung im Laufe der Zeit änderte, ist ein Thema an der Medienstation. Ein anderes sind die Sorgen und Gedanken, die nachts die Bewohnerinnen und Bewohner wachhielten. In fiktiven Interviews sind sie hier zu lesen, als Grundlage dienten Akten aus dem Fuggerarchiv und andere historische Quellen.

SINNVOLL, PRAKTISCH, GUT.

Die Architektur der Fuggerei hat einen besonderen Charme, sie beeindruckt aber auch mit praktischen Ideen. Auch bei der Ausstattung der Innenräume ließ man sich nützliche Details einfallen, die den Komfort und die Sicherheit erhöhten. Einige davon bewähren sich bis heute.

Flexibel bauen, sicher kochen

Früher bestanden die Zwischenwände der Fuggerei-Wohnungen aus Holzbrettern, die mit Schichten aus Lehm und Stroh verputzt wurden. Diese nicht tragenden Wände waren günstig in der Herstellung und konnten leicht versetzt werden. Im Gegensatz dazu wurden die Küchen aufwendig mit einem Gewölbe ausgemauert. Das massive Mauerwerk verringerte die Feuergefahr, die Gewölbeform hielt die Wärme im Raum. Jede Küche enthielt einen gemauerten Herd. Auch später gehörten Herde – vom Holz- bis zum Elektroherd – zur Grundausstattung der Wohnungen.

Durchblicken und durchreichen

Das Fensterchen zwischen Stube und Küche ist auch in anderen Häusern aus der Entstehungszeit der Fuggerei zu finden und sorgt für Querlüftung. Damit lässt sich aber auch von der Küche aus das Geschehen in der Stube im Auge behalten. Außerdem diente es als kleine Durchreiche.

Sauber heizen

Fuggerei-Wohnungen sind grundsätzlich nicht möbliert, waren aber schon immer mit einer Heizmöglichkeit ausgestattet. Zu Beginn gab es fest verbaute Kachelöfen in den Stuben, die später durch gusseiserne Öfen ersetzt wurden. Beheizt wurden sie von der Küche aus, über ein Ofenloch neben dem Küchenherd. So blieben Rauch und Schmutz in der Küche. Heute wird die Fuggerei von den Stadtwerken mit nachhaltiger Fernwärme versorgt. Sie entsteht unter anderem in einem Biomasse-Heizkraftwerk, das auch Holzreste aus den Stiftungswäldern verwertet.

Bequem öffnen

Ein Türöffner in der Wand zum Flur ermöglichte das Öffnen der Eingangstür, ohne die warme Stube zu verlassen. So ließen sich Heizkosten sparen und bequem war es auch. Die Türöffner wurden aber erst im Laufe des 17. oder 18. Jahrhunderts eingebaut.

Klug verstauen

Unter einer Falltür im Flur verbirgt sich ein kleiner Vorratsraum. Wegen des hohen Grundwasserspiegels konnte die Fuggerei nicht unterkellert werden — aber so bot sich früher immerhin eine kleine, kühle Lagermöglichkeit.

IN DER ÄLTESTEN GASSE DER FUGGEREI

Lebhafte Geschichte

Die ersten Häuser der Fuggerei entstanden nicht an der heute so zentralen Herrengasse, sondern weiter östlich an der Saugasse. Ihren Namen erhielt die Gasse wegen ihrer Nähe zum ehemaligen Saumarkt, wo schon seit 1438 der Augsburger Schweinemarkt stattfand. Nach dessen Ende erfolgte 1877 die Umbenennung von „Saumarkt" in das würdigere „Jakobsplatz". Auch der öffentliche Brunnen auf dem Platz erfuhr eine Aufwertung. Seit 1888 plätschert hier der Neptunbrunnen mit einer Bronzefigur des römischen Meeresgottes mit seinem Attribut, dem Dreizack.

Wächter aus Stein

Das Tor zwischen Saugasse und Jakobsplatz wird innen von einem „Maskaron" bewacht. Solche steinernen Fratzen brachte man besonders in der Renaissance und wieder im 19. Jahrhundert als Schmuck an Fassaden und über Torbögen an – aber sicher nicht in der ursprünglichen Fuggerei. Der Maskaron ist vermutlich ein Fundstück, das Architekt Doblhoff beim Wiederaufbau der Fuggerei nach dem Zweiten Weltkrieg als kleine Pointe integrierte.

Nützlich: Die Krankenstation

Mit der Gründung der Fuggerei wurde das Haus Nr. 1 in der Saugasse zur Krankenstation für fuggersche Diener bestimmt. Ein allgemeines Krankenhaus mit sechs Betten und ganzjährigem Betrieb entstand dann 1523 mit dem Bau von Haus Nr. 52 in der Ochsengasse. Um 1650 wurde es wie das Holz- und Blatternhaus aufgegeben. Auch später gab es zeitweise eine medizinische oder pflegerische Betreuung vor Ort, teils wurden dafür spezielle Räume eingerichtet.

Schlau: Die ersten Hausnummern der Welt

Städte mit zehntausenden Einwohnern, aber ohne eindeutige Adresse: In den Augsburger Steuerbüchern von 1519 sind die Bewohner der Fuggerei bereits mit ihrer Hausnummer genannt. Andernorts behalf man sich weiterhin mit umständlichen und vagen Beschreibungen, die beispielsweise auf Hausnamen oder auf der Nähe zu markanten Orten, etwa einem Tor, einer Kirche oder einem Markt beruhten. Erst ab 1708 tauchten dann Hausnummern in London, etwas später in Paris und Prag auf. Im restlichen Augsburg führte man Hausnummern erst im Jahr 1781 ein.

Gotische 4 und gotische 17

Schön gotisch

Die Ziffern der Hausnummern wurden von Hand in Ziegelsteine geschlagen und waren noch gotisch – zu erkennen an der halben 8 statt der 4. Welche Hausnummern heute ursprünglich oder Nachbildungen sind, ist nicht geklärt.

(Ab-)Wasser marsch!

Spätestens seit Mitte des 16. Jahrhunderts wurde der Lauterlech in die Fuggerei geleitet, floss offen durch die Saugasse und ein Stück der Hinteren Gasse und wieder hinaus vor die Mauern. Neben der Entwässerung bei Regen diente der Lauterlech auch der Entsorgung von Abfällen und Notdurft. Ab 1890 wurden dafür in den Fuggerei-Wohnungen Aborte mit Kübeln eingebaut. Ab 1909 begann die Planung für den Anschluss an die Kanalisation. Der Lauterlech wurde abgedeckt.

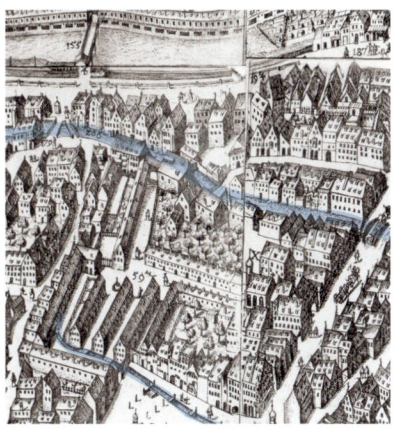

Die Fuggerei auf dem sog. Kilianplan von 1626

GARTENGLÜCK

In den Gärten und Höfen der Erdgeschosswohnungen blüht viel Schönes im Verborgenen, einige Paradiese lassen sich aber im Vorbeigehen etwa in der Hinteren Gasse bewundern. Früher nutzten Bewohnerinnen und Bewohner ihre Außenbereiche eher als Arbeitsplatz, Holzlager, zum Anbau von Kartoffeln, Gemüse und Obst oder zur Kleinviehhaltung. 1816 wurde der Bewohnerin Christina Heichele, Hintere Gasse 11, sogar erlaubt, einen Stall zu bauen und eine Kuh zu halten. Statt Muh gibt's heute Vogelzwitschern und ab zu ein Miau oder Wuff – auch nett.

Prof. Dr. Dietmar Schiersner, Fugger-Archiv

WAS IST BESONDERS AN JAKOB FUGGERS MOTIV UND IDEE?

PROF. DR. DIETMAR SCHIERSNER

ist seit 2006 Professor für „Geschichte des Mittelalters und der Frühen Neuzeit und deren Didaktik" an der Pädagogischen Hochschule Weingarten, seit 2014 zudem Wissenschaftlicher Leiter des Fürstlich und Gräflich Fuggerschen Familien- und Stiftungsarchivs.

In einer von ethischen Konzepten wie Dankbarkeit, Solidarität oder Ehre geprägten Gesellschaft schafft oder festigt Schenken und Stiften soziale Bindungen – unter Mitbürgern und Zeitgenossen, aber auch im Hinblick auf die Nachwelt (Memoria).

Kennzeichnend für die Kultur des ausgehenden Mittelalters ist darüber hinaus der religiöse Horizont: die Sanktionierung des Gebens als Gebot der christlichen Nächstenliebe und dessen transzendentale Verknüpfung mit der persönlichen Heilserwartung. Auf diesen Voraussetzungen beruht die Fuggerei-Stiftung: Sie ist Ausdruck des Dankes der Stifter an das Gemeinwesen, das den wirtschaftlichen und sozialen Erfolg der Fugger ermöglichte; sie entspricht dem christlichen Gebot der Caritas; und sie rechnet mit einem Jenseits, in dem die gute Tat honoriert wird. Auch die dankbaren Gedanken und fürbittenden Gebete der Begünstigten wirken fortwährend zum Heil der Stifter und dessen Familie.

Aber die Fuggerei-Stiftung geht über das bis dahin Übliche hinaus, nicht nur wegen der Höhe des Stiftungskapitals und der enormen Zahl der Empfänger: Mit der Fuggerei wird –

"Mit der Fuggerei wird in bislang ungekannter architektonischer Konsequenz ein frühmodernes Konzept von Hilfe zur Selbsthilfe realisiert, das man heute als „Empowerment" bezeichnen würde."

Dietmar Schiersner

das ist neu – für eine in der Regel noch arbeitsfähige Klientel in bislang ungekannter architektonischer Konsequenz ein frühmodernes Konzept von Hilfe zur Selbsthilfe realisiert, das man heute als „Empowerment" bezeichnen würde. Die Bewohner fungieren nicht vorrangig als Rädchen einer spätmittelalterlichen „Gebetsmaschine". Stattdessen erhält das Arbeiten zum eigenen Unterhalt, das in der Siedlung und durch sie bezweckt sowie strukturell begünstigt wird, zentrale Bedeutung: Faktisch, wenn auch nirgends explizit gemacht, schrieben ihm die Stifter Jakob Fugger und seine Brüder gebetsgleiche Wirkung zu.

Bedenkt man diesen innovativen Charakter der Fuggerei, wird deutlich, dass nicht ausschließlich die diesseitigen wie jenseitigen Effekte der Memoria das Stiftungsverhalten Jakob Fuggers erklären können. Dazu hätte man ja auch die gängigen Modelle übernehmen und überbieten können. Etwas kam wohl hinzu, was auch heute Lust zum Stiften macht: Zugleich mit den sozialen und religiösen Zwecken verwirklicht sich der Wunsch nach schöpferischer Entfaltung, danach, etwas Besonderes zu denken und – dank der zur Verfügung stehenden Mittel – Tatsache werden zu lassen. Insofern ist die Fuggerei im Wortsinne „Kreation" Jakob Fuggers.

OCHSENGASSE
GARTENGASSE
NEUE GASSE

Museum der Bewohner
Museum des Alltags
Bunker
Kirche St. Markus

IM JÜNGSTEN TEIL DER FUGGEREI

Erweiterung nach dem II. Weltkrieg

Von den Luftangriffen während des Zweiten Weltkriegs war die Jakobervorstadt sehr stark betroffen. Nicht nur die Fuggerei lag in Schutt und Asche, auch die angrenzenden Häuser und Straßen waren verwüstet. Nach dem Krieg ergab sich deshalb die Möglichkeit, die Fuggerei deutlich zu vergrößern. Aus Stiftungsmitteln konnten einige Ruinengrundstücke erworben werden, die an die Fuggerei angrenzten. Das Fuggerei-Areal hat durch die Erweiterung heute eine Gesamtfläche von 18.000 qm.

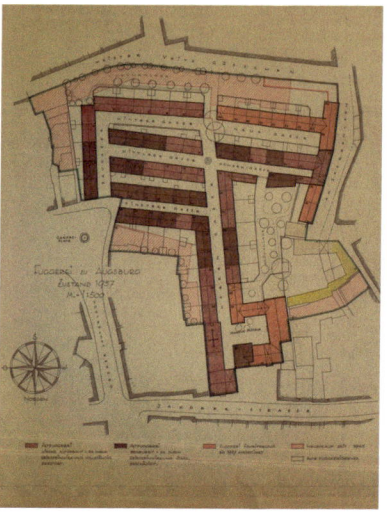

Der jüngste Teil der Fuggerei umfasst heute die Parkanlage entlang des Meister-Veits-Gässchen und den Bereich Gartengasse sowie die Neue Gasse als Fortsetzung der Hinteren Gasse. Außerdem erhielten die Gärten zu beiden Seiten der Herrengasse mehr Grund. So entstand Platz für Neues – nach und nach konnten zwölf neue Häuser und zwei sogenannte Witwengebäude mit Ein-Zimmer-Wohnungen errichtet werden.

Wie der Name schon sagt

Bis heute genügt zur Angabe der Adresse: Fuggerei plus Hausnummer. Ein zusätzlicher Gassenname ist im Grunde nur eine praktische Ergänzung für die Postboten. Dennoch sagen die Gassennamen wie vielerorts etwas über ihren historischen Bezug aus: Am Platz vor der Saugasse befand sich lange Zeit der Schweinemarkt, vor der Ochsengasse ein Rindermarkt, die Herrengasse weist auf das Verwaltergebäude „des Herrn" hin, die Finstere, Mittlere und Hintere Gasse erklären sich selbst. Auf alten Fotos der Fuggerei sind noch blecherne Gassenschilder zu sehen. 1938 wurden sie durch geätzte Steintafeln ersetzt. Bei dieser noblen Beschilderung blieb es auch für die beiden Gassen, die im Zuge der Erweiterung entstanden.

Diese Aufnahme von 1929 zeigt den Platz am Brunnen vor der Erweiterung. Gartengasse und Verlängerung der Neuen Gasse existieren noch nicht.

OCHSENGASSE 46

DAS MUSEUM DER BEWOHNER IN DER FUGGEREI

Das „Museum der Bewohner" ist die authentische Quelle für alles Wissenswerte zum Leben in der Fuggerei heute: Besucher erfahren, wer heute in der Fuggerei wohnt und wie man dort einen Platz bekommt, was das Leben hier in dieser besonderen Gemeinschaft von anderen Orten unterscheidet und wie die Regelungen des Stiftungsbriefs heute umgesetzt werden. Die multimediale Ausstellung in den vier Zimmern einer Fuggerei-Wohnung liefert interessante Einblicke in den „Kosmos" Fuggerei. An den Medienstationen kommen außerdem Bewohnerinnen und Bewohner selbst zu Wort und erzählen vom Leben in der Siedlung.

Herzkammer

Vierzehn Bewohnerinnen und Bewohner der Fuggerei bringen den Raum mit ihrer Persönlichkeit zum Leuchten. Sie alle haben für die Ausstellung einen Gegenstand gespendet, den sie mit ihrem Leben in der Fuggerei verbinden. Ihre Gedanken und Geschichten dazu erzählen sie persönlich in kurzen Filmbeiträgen.

Filmsaal

Zurücklehnen und genießen: Geschichten zur Stiftung und zum Fuggerei-Leben.

„Ich bin froh, dass ich da bin, weil ich wenig Rente habe. Es ist wirklich nett hier. Man hat einfach Sicherheit hier und eine Ruhe! Die vielen Leute, die kommen, stören mich überhaupt nicht. Ich sitze hinten, ich schaue in meinen Garten raus, und wenn schönes Wetter ist, sitze ich auf der Bank draußen im Garten. Ansonsten sitze ich immer in meiner Küche und lese. Wie es halt so ist."

Fuggerei-Bewohnerin

Vertrauenszimmer

Was ist das „Geheimnis der Fuggerei" – warum funktioniert Jakob Fuggers visionäres Werk seit mehr als 500 Jahren? Hier gibt es Antworten: von der besonderen Struktur und der Organisation der Fuggerei bis zu den Menschen, die Verantwortung für den Fortbestand der Fuggerei tragen. Dabei wird z. B. die Rolle der Familie Fugger für die Stiftungen erklärt sowie

der Aufgabenbereich der Administration und das Aufnahmeverfahren für eine Fuggerei-Wohnung.

Lebensraum

Intensive Begegnung mit dem Kerngedanken der Fuggerei: Die Siedlung ist zwar auch eine historische Sehenswürdigkeit, aber in erster Linie Heimat und Zuhause für etwa 150 Menschen. Viele von ihnen zeigen hier Gesicht, und einige beantworten in Kurzfilmen die häufigsten Fragen zum Leben in der Fuggerei. Auch typische Missverständnisse und Vorurteile werden dabei klargestellt.

DAS MUSEUM DES ALLTAGS IN DER FUGGEREI

Wohnen und Leben in der Fuggerei haben sich in den letzten 70 Jahren verändert – und auch die sozialen Verhältnisse. Von der dramatischen Not der Nachkriegszeit bis zur Bedürftigkeit von heute: Die Fuggerei erfüllt ihren Stiftungszweck – mit den Mitteln, Ideen und Standards der jeweiligen Zeit. Das „Museum des Alltags" in einer klassischen, 60 qm großen Fuggerei-Wohnung beleuchtet diese Entwicklung mit interessanten Zeitzeugnissen.

Wohnzimmer

Von den Nachkriegsjahren bis heute veränderten sich Raumnutzung und Möblierung stark, wie Objekte, Filme und Bilder aus den Zeiten des Wiederaufbaus verdeutlichen. Und wie lebt man heute in der Fuggerei? Das zeigen Bewohnerinnen und Bewohner, die ihre Haustür geöffnet und zu einem filmischen Rundgang durch ihre Wohnungen und Gärten eingeladen haben.

> „Viele meinen, es ist ein Museum, aber das sind wir hier nicht. Wir haben hier unsere ganz normalen Wohnungen, wie jeder andere auch in Augsburg, nur etwas Besonderes und dass man uns besuchen darf."
>
> Fuggerei-Bewohnerin

Schlafzimmer

Andere Zeiten, ähnliche Sorgen: Auch wenn die wirtschaftlichen Rahmenbedingungen früher härter waren, sind Alltagsprobleme und Ängste heute im Kern gleich geblieben. Das belegen Aufzeichnungen in den Akten des Fuggerarchivs und die Erfahrungen der Sozialpädagoginnen in der Fuggerei heute. Für die Ausstellung in diesem Raum wurden einige Beispiele gegenübergestellt.

Küche

Zwischen Tisch und Herd hat sich der Alltag in den letzten 70 Jahren wohl am spürbarsten verändert. Den Haushalt ohne Elektrogeräte meistern? Harte Arbeit, die viel Zeit beanspruchte. Auch der Zugang zu Lebensmitteln und die tägliche Hygiene waren deutlich unbequemer. Alte Objekte aus der Fuggerei, Bilder und Dokumente machen die Unterschiede deutlich.

Badezimmer

Wie sich Lebensstandard und Komfort auch in der Fuggerei immer weiterentwickelt haben, zeigt beispielhaft das Originalbad einer Bewohnerin. Ab den 1970er Jahren wurden in alle Fuggerei-Wohnungen Bäder eingebaut. Vorher gab es meist nur Waschbecken und Toiletten, gebadet wurde im Badehaus der Fuggerei oder im Stadtbad.

HINTER JEDER TÜR EIN SCHICKSAL

Mehrere tausend Menschen haben seit ihrer Gründung in der Fuggerei gewohnt. Manche von ihnen haben in den Akten des Fuggerarchivs und im Augsburger Stadtarchiv biografische Spuren hinterlassen, die auch viel über die Zeitumstände aussagen. Manchmal lassen sich ganze Lebensläufe und Schicksale von Bewohnerinnen und Bewohnern nachzeichnen. An einige von ihnen wird in den Museen und in den Gassen der Fuggerei erinnert – z. B. in der Ochsengasse.

Ein Stolperstein für Aloisia Kempter

Der Stolperstein vor dem Haus Nr. 49 in der Ochsengasse erinnert an Aloisia Kempter, die in einer Tötungsanstalt des NS-Regimes ermordet wurde. Aloisia wurde am 23. August 1890 geboren und lebte ab 1913 mit ihren Eltern in der Fuggerei. Wegen einer geistigen Behinderung benötigte sie umfassende Betreuung, die ihren Eltern Alban und Christina Kempter viel abverlangte. 1934 starb Aloisias Mutter. Der alkoholkranke Alban Kempter war mit der Pflege seiner inzwischen über vierzig Jahre alten Tochter überfordert, die beiden zogen noch im gleichen Jahr aus. Aloisia wohnte für ein paar Monate in einem städtischen Pflegeheim und wurde dann nach Schloss Lautrach verlegt, wo sie die nächsten Jahre lebte. Ihr Vater starb 1938. Im Jahr 1941 wurde Aloisia in die Kreis-Heil- und Pflegeanstalt Kaufbeuren-Irsee gebracht. Von dort wurde sie wenig später im Rahmen der nationalsozialistischen „Aktion T4" in die Tötungsanstalt Schloss Hartheim bei Linz deportiert und dort am 8. August 1941 ermordet.

Dorothea Braun: Opfer des Hexenwahns

Traurige Berühmtheit erlangte die Krankenwärterin Dorothea Braun, die ab 1615 mit ihrem Mann, dem „Vogelheuslmacher" Paulus Braun, in der Ochsengasse 52 wohnte. Die Brauns hatten einen Sohn und zwei Töchter. Die Tochter Maria sollte bei ihrer Tante Apollonia das Nähen lernen, was zu einem Drama mit tödlichem Ausgang führte. Denn Streitigkeiten zwischen Apollonia und Dorothea eskalierten im gegenseitigen Vorwurf der Hexerei. Apollonia und ihre Nichte kamen in Kerkerhaft, die elfjährige Maria bestätigte im Verhör zunächst die Beschuldigung gegen Apollonia, bald darauf bezichtigte sie aber ihre eigene Mutter der Hexerei. Dorothea Braun gestand unter der Folter alles, was die Ratsherren hören wollten. Im Herbst 1625 wurde sie verurteilt, mit dem Schwert hingerichtet und anschließend verbrannt – als erste von 16 Frauen, die in Augsburg dem Hexenwahn zum Opfer fielen.

RUNDUM SICHER

Gebaute Geborgenheit

Die Mauer um die Fuggerei war von Anfang an Teil der Gesamtanlage und für die damalige Zeit nicht ungewöhnlich. Viele größere Anwesen in der Stadt besaßen schützende Mauern und waren nur über Tore zugänglich, die jederzeit geschlossen werden konnten. Das Besondere: In der Fuggerei ist dies zu allen Zeiten so geblieben. Zwar gab es nach der Zerstörung im Zweiten Weltkrieg Überlegungen, die ohnehin beschädigten Mauern zu beseitigen, aber letztlich entschied man sich auch in dieser Sache für den Wiederaufbau nach historischem Vorbild. Die Tore werden auch heute nachts geschlossen. Nur Menschen, die in der Fuggerei leben oder arbeiten, haben dann Zutritt am Tor in der Ochsengasse. Die meisten Fuggerei-Bewohnerinnen und -Bewohner sind froh darüber. Für sie bedeutet die Mauer keine Abgrenzung im Sinne einer „Gated Community", sondern Ruhe, Geborgenheit und Schutz.

DAS ZUGANGSKONZEPT

Untertags ist das Tor an der Jakoberstraße für alle geöffnet. Bewohnerinnen und Bewohner können zudem mit ihrem Schlüssel weitere Zugänge nutzen. Nach 22 Uhr dient ihnen das Tor an der Ochsengasse als Zugang.

Obolus von den Nachtschwärmern. Für ihre Arbeit erhalten die Nachtwächter neben ihrem Gehalt von der Stiftung auch einen kleinen Beitrag von den Bewohnern, denen sie das Tor öffnen: 50 Cent vor Mitternacht und 1 Euro danach.

Nachts nur durchs Ochsentor

Lange Zeit war das Tor an der Saugasse der nächtliche Ein- bzw. Ausgang der Fuggerei. Eine von der Stiftung bezahlte Torwache aus den Reihen der Fuggerei-Bewohner übernahm das Öffnen. Heute befindet sich der Nachtzugang am Ochsentor. Aber noch immer gilt die Tradition, dass Bewohnerinnen und Bewohner der Fuggerei sich als Nachtwächter etwas dazuverdienen können und den Eingang bei Bedarf öffnen. Drei Nachtwächter bzw. Nachtwächterinnen wechseln sich derzeit im Dienstplan ab. Jeden Tag um 22 Uhr muss der diensthabende Nachtwächter die Tore abschließen und frühmorgens um 4 Uhr 30 wieder aufschließen. Dazwischen hält er oder sie sich in der Nachtwächterstube direkt beim Tor auf und öffnet heimkehrenden oder ausgehenden Bewohnerinnen und Bewohnern die Pforte.

Augen und Ohren auf

Für die anstrengende Nachtwache gibt es unterschiedliche Durchhaltestrategien. Manche lesen Bücher oder lösen Kreuzworträtsel, andere sehen fern oder ruhen ein bisschen. Wenn es an der Pforte klingelt, muss man jedenfalls präsent sein. Über einen Monitor und eine Sprechanlage lässt sich überprüfen, wer Einlass wünscht.

Helle Freude

Zum Nachtwächterdienst gehört auch ein Rundgang durch die Fuggerei, um die Gassenbeleuchtung abends an- und morgens abzuschalten. In den 1950er Jahren hatte Nachtwächter Michael Burger dabei oft eine malerische Laterne in der Hand – sehr zum Entzücken der Touristen.

Professorin Dr. Kerstin Schlögl-Flierl

MACHT GEGENLEISTUNG HILFE SCHLECHTER?

Response aus ethischer und theologischer Sicht

PROFESSORIN DR. KERSTIN SCHLÖGL-FLIERL

ist Inhaberin des Lehrstuhls für Moraltheologie (Theologische Ethik) an der Katholisch-Theologischen Fakultät der Universität Augsburg. Zu ihren Forschungsschwerpunkten zählen die Bio- und Beziehungsethik. Seit Mai 2020 ist sie eines von 26 Mitgliedern im Deutschen Ethikrat.

Hört eine Hilfe auf – zumal vor dem Horizont christlicher Nächstenliebe –, eine Hilfe zu sein, wenn Gegenleistung eingefordert wird? Ist die Gegenleistung dabei ein zumutbarer Obolus oder ein auf Profit ausgerichtetes Geschäft? Stellt man die Frage in dieser Art und Weise, so konzentriert man sich auf das Handeln zwischen zwei Personen als eine Art von Austausch. Gefragt wird nach der Gerechtigkeit und Verhältnismäßigkeit dessen, was sich zwischen zwei Dienstleistern abspielt. Ist es gerecht, dass die „reichen" Fugger von den „weniger reichen" Bewohnerinnen und Bewohnern eine Gegenleistung erwarten? Zumal dazu Gebete gehören.

Doch man könnte die Frage auch von einer anderen Seite aufrollen, nämlich einer care-ethischen. In einem solchen Ansatz kann die Frage nach dem, was sich zwischen zwei Personen abspielt, nicht mehr nur als ein Austausch von Gütern zweier im Grunde anonymer Dienstleister verstanden werden. Im Fokus einer Care-Ethik steht die Frage nach der Sorge (Für-Sorge, Um-Sorge, Nach-Sorge) von Menschen untereinander, insbesondere, wo es sich um asymmetrische Beziehungen handelt (z. B. in einem Pflegeheim). Es geht um die Beziehung zwischen Menschen, die schon aufgrund ihres Menschseins in vielerlei Dimensionen bedürftige Wesen sind.

Aus care-ethischer Sicht kann die Gegenleistung als Stiftung von Beziehung betrachtet werden. Die Fuggerei wird dadurch nicht zu einer ‚seelenlosen' Institution, sondern der monetäre und spirituelle Rückstrom stiftet die Möglichkeit, asymmetrischen Beziehungen zu mehr Symmetrie, zu mehr Gegenseitigkeit zu verhelfen. Geholfene werden dabei auf einer anderen Ebene zu Helfenden. Vielleicht stellt sich beim Gebenden zudem Dankbarkeit ein, angesichts der Möglichkeit, in der Fuggerei wohnen zu dürfen. Also kein monetärer Mehrwert, sondern Beziehungs-Wert, der im christlichen Verständnis immer über materiellen Werten steht.

Ein Gebet als Gegenleistung einzufordern, ist zweifelsohne theologisch problematisch. Man wird die Forderung nur vor dem Horizont damaliger Frömmigkeitspraxis adäquat verstehen können. Und heute? Ein Gebet ist ein intimes Zwiegespräch zwischen Gott und Mensch danken, bitten, flehen, klagen. Forderungen spiritueller Gegenleistungen in spirituell und religiös teilweise unmusikalischen Zeiten fördern diese Beziehung von Gott und Mensch zudem wohl kaum. Doch die care-ethische Grundeinsicht, den Menschen als teilweise angewiesenes Beziehungswesen wahrzunehmen, hilft hier ebenso. Denn auch in seinem Verhältnis zum Göttlichen ist keiner alleine unterwegs. Vielmehr findet er oder sie gerade über seinen Nächsten zu Gott und zu Gott niemals ohne den Nächsten. Das Gebet als Zuspruch für- und miteinander hat dabei traditionell einen essenziellen Platz.

> „Denn auch in seinem Verhältnis zum Göttlichen ist keiner alleine unterwegs. Vielmehr findet er oder sie gerade über seinen Nächsten zu Gott und zu Gott niemals ohne den Nächsten."
>
> Kerstin Schlögl-Flierl

Die Schreinerei: Handwerk und Herz

Seit der Nachkriegszeit kümmert sich ein Fuggerei-eigener Bautrupp um handwerkliche Arbeiten in der Siedlung. Stützpunkt und Werkstatt der Bauteams ist die Schreinerei in der Ochsengasse. Hier werden z. B. Fensterläden und Türen repariert oder neu angefertigt. Aufgrund der unterschiedlichen Bauzustände – vom 16. Jahrhundert bis heute – sind bei der Instandhaltung der denkmalgeschützten Häuser Erfahrung und Fingerspitzengefühl gefragt. Die Handwerker der Fuggerei kennen jede Ecke mit ihrer zugehörigen Baugeschichte und Bausubstanz, sodass auch knifflige Modernisierungen fachgerecht und dabei zeit- und kostensparend ausgeführt werden können.

An der Stelle der heutigen Schreinerei befand sich Anfang der 17. Jahrhunderts eine Stallung.

Harte Arbeit: Wiederaufbau der Fuggerei

Die Tradition des eigenen Bautrupps stammt aus der Zeit des Wiederaufbaus. Etliche Bauarbeiter und Handwerker in der Fuggerei waren damals Flüchtlinge, die dort wegen der extremen Wohnungsnot vorübergehend in provisorischen Unterkünften wohnen konnten. Davon zeugen noch Spinde im Dachboden der Schreinerei. Das Holz für den Wiederaufbau kam aus den Stiftungswäldern. Weil es überall an Baustoffen mangelte, nutzte man das Holz auch als Tauschmittel – beispielsweise gegen Zement.

Neu nach bewährter Art

Die Häuser entlang des Sparrenlechs entstanden erst bei der Erweiterung der Siedlung. Sie fügen sich harmonisch in das Gesamtbild ein. Das Seniorat legte beim Wiederaufbau hohen Wert auf eine qualitätsvolle Architektur nach den historischen Maßen und in guter handwerklicher Ausführung. Dafür gab es auch Kritik: 1947 lobte der damalige Stadtbaurat zwar den „wahrhaft erstaunlichen Hochstand historizierender (sic) baulicher Ausstattung", hinterfragte aber auch den Aufwand in solch schwierigen Zeiten. Da aber der Wiederaufbau der Fuggerei allein aus dem Stiftungsvermögen finanziert wurde, blieb es dabei: Die zerstörte Fuggerei bekam ihr historisches Gesicht zurück. Ein Glück bis heute.

Erinnerung an Jakob Fugger

Die Bronzebüste von Jakob Fugger steht seit 2007 hier in der Fuggerei. Sie ist ein Abguss einer neuzeitlichen Gipsbüste in der Walhalla und Augsburgs einziges Denkmal für den wohl berühmtesten Stifter der Stadt. Für einige Jahrzehnte hat Jakob Fugger Augsburg und die europäische Geschichte mitgeprägt, was heute manchmal kontrovers gesehen wird. Seit Jahrhunderten kommen jedenfalls seine Stiftungen, allen voran die Fuggerei, der Gesellschaft zugute. So erinnern die Fuggerschen Stiftungen direkt vor Ort an den Mann, der den Willen und die Kraft für dieses große und zeitlose soziale Werk hatte.

MUSEUM IM BUNKER

Den Bunker in der Fuggerei ließ das Seniorat 1943 mitten im Zweiten Weltkrieg bauen. Zu dieser Zeit hatte es bereits Luftangriffe auf Augsburg gegeben und der unterirdische Schutzraum sollte den Bewohnerinnen und Bewohnern der Fuggerei, aber auch Nachbarn künftig als sicherer Zufluchtsort dienen.

Tatsächlich überlebten hier 200 Menschen die verheerende Bombennacht vom 25. auf den 26. Februar 1944, bei der die Fuggerei zu 70 Prozent zerstört wurde. Den insgesamt 19 Luftangriffen auf Augsburg fielen rund 1.500 Menschen zum Opfer, tausende wurden obdachlos. Die Innenstadt lag in Schutt und Asche. Das Museum im Bunker dokumentiert mit einer bewegenden Ausstellung den Krieg, die Zerstörung und den Wiederaufbau der Fuggerei und in Augsburg. Es ist die einzige ständige Ausstellung dieser Art in Bayerisch-Schwaben.

GRÜNANLAGE

Im Bunker wird die bedrückende Atmosphäre des Krieges auch heute unmittelbar spürbar. Über eine enge Treppe geht es hinunter zur ehemaligen Gasschleuse. Von dort führt der Weg durch sechs Räume mit vielen Hör- und Filmstationen, zahlreichen Bildern, Dokumenten und originalen Exponaten. Sie vermitteln die wichtigsten Ereignisse der Zeit von der Machtübernahme der Nationalsozialisten über die Kriegsjahre bis zum Wiederaufbau.

Der Schwerpunkt der Ausstellung liegt auf der Fuggerei und Augsburg – stellvertretend für viele Orte und Ereignisse der Zeit. Bewegende Fotos, Texte und originale Filmaufnahmen machen klar, wie sehr die furchtbaren Folgen der Diktatur und des Krieges die Stadt und ihr Leben veränderten. Sie zeigen aber auch, wie Verantwortung und Hoffnung auf Frieden einen Neuanfang möglich machten.

Für die Zukunft entschieden

Schon wenige Tage nach der Bombennacht entschied sich das Seniorat – Joseph Ernst Fürst Fugger von Glött, Friedrich Carl Fürst Fugger-Babenhausen und Clemens Graf Fugger von Kirchberg – für den Wiederaufbau der Fuggerei. Mitten im Krieg und bedroht durch das NS-Regime – aber mit dem festen Willen, den Menschen in der Fuggerei ihr Zuhause wiederzugeben.

Das Seniorat der Kriegs- und Nachkriegszeit: Joseph Ernst Fürst Fugger von Glött, Friedrich Carl Fürst Fugger-Babenhausen und Clemens Graf Fugger von Kirchberg

EWIG UND IMMER WIEDER ANDERS

Die Installation „Ewigkeit" stammt aus einem Ausstellungsprojekt zum 500. Geburtstag der Fuggerei im Jahr 2021. In der Grünanlage, in einigen Wohnungen und in der Kirche St. Markus wurden dabei wichtige Aspekte der Stiftungsidee künstlerisch inszeniert. Auf dem Fuggerei-Gelände finden immer wieder aktuelle Ausstellungen statt, z. B. bei der jährlichen „Langen Kunstnacht" in Augsburg. Dabei wird die Fuggerei unter neuen Aspekten in Szene gesetzt. Um mit den Augsburgern in den Dialog zu treten, werden verschiedene Events veranstaltet, zum Beispiel das Fugger Forum. Auch die Beziehung zu den direkten Nachbarn in der Jakobervorstadt wird durch eine offene Bücherhütte gefördert.

EINE EIGENE KIRCHE FÜR DIE FUGGEREI

Beim Bau der Fuggerei dachte noch niemand an eine eigene Kirche für die Siedlung. Denn die Bewohnerinnen und Bewohner konnten die Messe und Gottesdienste in den nahe gelegenen Kirchen wie St. Jakob besuchen. Doch das änderte sich, als im Zuge der Reformation diese Kirchen evangelisch wurden und für katholische Gläubige nicht mehr zur Verfügung standen. Um den katholischen Glauben innerhalb der Siedlung zu stärken und den Besuch katholischer Gottesdienste zu ermöglichen, ließen deshalb im Jahr 1580 die damaligen Administratoren Markus und Philipp Eduard Fugger eine Kirche auf dem Gelände der Fuggerei bauen: St. Markus.

HURRA, ES IST SCHULE!

Gegen Ende des 16. Jahrhunderts wurde eine Fuggerei-interne Schule für Kinder aus der Fuggerei und der Jakobervorstadt eingerichtet. Denn die öffentlichen Schulen waren protestantisch, aber mit der eigenen Schule konnte die Fuggerei Unterricht nach katholischen Glaubenssätzen bieten. Die Schule bestand aus einer Lehrerwohnung für den Schulmeister und einer Schulstube, die bald vergrößert werden musste. Immerhin lebten zu diesen Zeiten bis zu 180 Kinder in der Fuggerei. Im Laufe der Zeit wechselten die Räumlichkeiten mehrfach. Erst nach der Eingliederung Augsburgs ins Königreich Bayern endete im Jahr 1810 die Schultradition in der Fuggerei.

BEI DER KIRCHE ST. MARKUS

Um 1600 wurde im Haus Nr. 35 neben der Kirche die Sakristei eingerichtet, die später zur Mesnerwohnung und Schule umfunktioniert wurde. Heute wohnt hier der Fuggerei-Pfarrer.

Seelsorge ganz nah

Als erster Geistlicher mit direktem Seelsorgeauftrag für die Fuggerei ist Anfang der 1560er Jahre Petrus Canisius belegt. Der berühmte Jesuit war Augsburger Domprediger, später wurde er heiliggesprochen. In St. Markus fanden damals dreimal wöchentlich und an allen wichtigen Feiertagen Messen statt, die ab 1619 zunächst noch von Geistlichen des Dominikanerklosters gehalten wurden. Ab dem 18. Jahrhundert bekam die Fuggerei schließlich einen eigenen Kaplan, und seit 1754 wohnen die Fuggerei-Geistlichen direkt vor Ort.

Zuverlässige Wasserversorgung

Der nostalgische Pumpbrunnen vor St. Markus ist noch immer intakt. Auf dem Fuggerei-Gelände gab es vor dem Anschluss an das Wasserleitungsnetz einige solcher Pumpbrunnen. Das Wasser musste mit Muskelkraft gefördert werden, aber es kam zuverlässig aus dem Boden. Auch als das Leitungsnetz in der Jakobervorstadt 1944 aufgrund der kriegsbedingten Schäden ausfiel, spendeten die Pumpbrunnen das kostbare Nass.

Gebäude von Hans Holl

Markus und Philipp Eduard Fugger ließen St. Markus von ihrem „täglichen Maur- und Werkmeister" Hans Holl errichten, dem Vater des berühmten Elias Holl. Ein gemauerter Stadel, der das Verwalterhaus mit den Häusern der Herrengasse verband, wurde dazu im Stil der späten Renaissance umgebaut. 1582 erfolgte die Weihe der schlichten Kirche zu Ehren des Evangelisten Markus.

Architektonische Ausnahme

Anders als die meisten katholischen Kirchen folgt St. Markus nicht dem Prinzip der Ostung, also der Gebetsrichtung nach Osten. Üblicherweise liegt das Altarhaus in Richtung der aufgehenden Sonne, die Christus als Licht der Welt und die Auferstehung

symbolisiert. St. Markus wurde aber ganz pragmatisch dem Nord-Süd-Verlauf der Herrengasse angepasst. Der Chor mit dem Altar richtet sich daher nach Süden statt nach Osten.

Nütze die Zeit

Die Sonnenuhr am Südgiebel fertigte Carl Hermann Reusch 1938 in Sgraffito-Technik, beim Wiederaufbau wurde sie erneuert. Bereits im 18. Jahrhundert befand sich an dieser Stelle eine Malerei mit Sonnenuhr und dem Kirchenpatron St. Markus. Der Spruch „Nütze die Zeit" ist häufig in Verbindung mit Uhren zu sehen, gilt aber auch als Devise von Jakob Fugger.

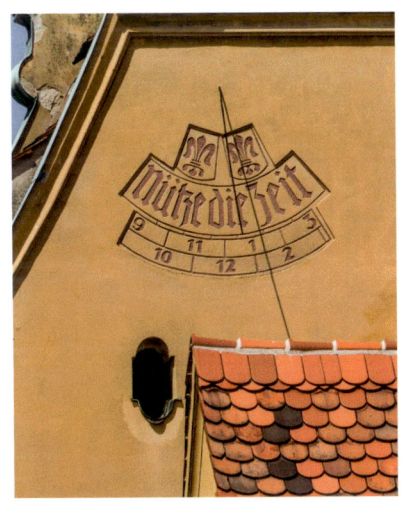

Portal mit Geschichte(n)

Noch original aus der Spätrenaissance: die Portalwände aus rotem Marmor. Die Bronzebüste des Hl. Markus stammt dagegen von 1910.

St. Markus in Schale

1731 wurde der Innenraum von St. Markus im Stil des Spätbarocks umgestaltet, mit Deckenfresken, Stuckgirlanden und einer blau-goldenen, baldachinartigen Altar-Umrahmung. Infolge der Luftangriffe von 1944 brannte die Kirche vollständig aus, nur Fassadenteile standen noch.

links:
Die barocke Innenausgestaltung

rechts:
Die kriegszerstörte Fassade von St. Markus

Kunstwerk St. Markus

Nach der Kriegszerstörung diente ab 1948 zunächst die gesegnete Sakristei als Notkirche. Zwei Jahre später konnte dann die Wiedereinweihung von St. Markus gefeiert werden. Das Seniorat hatte sich für eine Innenraumgestaltung mit neuem Charakter entschieden, der sich an die Entstehungszeit der Kirche anlehnt. St. Markus bietet nun ein Mix aus Kunstwerken verschiedener Epochen.

Altar mit berühmtem Gemälde

Der geschnitzte Renaissancealtar (Wendel Dietrich) wurde nach dem Krieg angekauft und für die Aufnahme des vorhandenen Altarbildes angepasst. Bei dem Ölgemälde handelt es sich ein bedeutendes Werk des Venezianers Jacopo Palma il Giovane aus der Zeit um 1606. Die Fuggerschen Stiftungen erwarben das Werk 1731 im Zuge der barocken Neugestaltung der Kirche. Rechtzeitig vor den Luftangriffen von 1944 wurde es in Sicherheit gebracht.

Edle Holzdecke

Statt barockem Himmel: eine edle Kassettendecke mit Intarsienschmuck aus dem 16. Jahrhundert. Das Schmuckstück stammte ursprünglich wohl aus dem Fuggerschen Stiftungshaus bei St. Anna und wurde 1947 aus Privatbesitz erworben. Für den Einbau 1949/50 mussten breite Umrahmungen neu ergänzt werden. Die umlaufenden Wandmalereien enthalten Elemente der Fuggergeschichte, z. B. einen Dreizack mit Ring – das Handelszeichen der Fugger.

Klappaltar mit Zusatz

Der kleine Flügelaltar (um 1550) mit Darstellung der Marienkrönung, St. Michael als Seelenwäger und St. Anna Selbdritt stand früher in der Kapelle der Fuggerhäuser am Weinmarkt. Der untere Teil enthält ein nachträglich eingesetztes Holztafelbild. Abgebildet ist Markus Fugger, einer der beiden Stifter von St. Markus, mit seiner Gemahlin und seinen acht Kindern im Gebet.

Von der ursprünglichen Ausstattung des späten 16. Jahrhunderts blieb das reich geschmückte Taufbecken aus Sandstein erhalten.

Hans Leitherers Schutzmantelmadonna von 1949 thematisiert Zerstörung und Wiederaufbau der Fuggerei.

Epitaph nach Entwurf von Dürer

Das Epitaph für Ulrich Fugger (†1510) aus der Grabkapelle der Fugger in St. Anna wurde im Zweiten Weltkrieg schwer zerstört. Nach der Restaurierung wurde das Original aus Solnhofener Stein in St. Markus integriert, in St. Anna ist heute eine Kopie zu sehen. Der Entwurf für das Relief stammt von Albrecht Dürer, gefertigt hat es wohl Adolf Daucher. Es zeigt einen in Tücher gewickelten Toten, der von zwei Satyrn betrauert wird. Zwei Putti auf Delfinen fassen die Inschrift.

Pater Dr. Anselm Grün

BRAUCHT SPIRITUALITÄT EIN FESTES FORMAT?

PATER DR. ANSELM GRÜN

geboren 1945, Eintritt in die Benediktinerabtei Münsterschwarzach 1964. Studium der Theologie und Doktorat über Karl Rahners Kreuzestheologie 1974. Dann Studium der Betriebswirtschaft in Nürnberg. Von 1977 bis 2013 Cellerar, wirtschaftlicher Leiter der Abtei. Autor von über 300 Büchern mit einer weltweiten Auflage von 20 Millionen Büchern, Kursleiter und geistlicher Leiter des Recollectio-Hauses.

Spiritualität bedeutet: Leben aus dem Geist. Sie beschreibt also mehr eine Gesinnung, die vom Geist Jesu geprägt ist. Doch Spiritualität braucht eine feste Form. Wer formlos lebt, der verliert seine Spannkraft. Heute haben wir wieder ein neues Gespür für Rituale. Rituale strukturieren den Tag. Rituale schaffen eine heilige Zeit, eine Zeit, die mir gehört, in der ich selber lebe, anstatt gelebt zu werden.

Wir sind heute ständig Erwartungen von außen ausgesetzt, Erwartungen von der Familie, von der Firma, von der Gesellschaft. Viele haben das Gefühl, dass sie von den Erwartungen bestimmt werden. Da sind die Rituale ein gutes Gegengewicht. Es ist die Zeit, die mir gehört, in der ich aufatmen kann, in der niemand etwas von mir will. Das tut meiner Seele und auch meinem Leib gut.

Gott braucht unsere Rituale nicht. Aber uns tun sie gut. Sie strukturieren den Tag, sie geben dem Tag eine Form. Die Griechen sagen: Weil unser Leben ein Fest ist, gestalten wir es mit Ritualen. Ich gestalte durch die Rituale meinen Tag. Wer sich hängen lässt, wer formlos dahinlebt, der verliert seine innere Spannkraft. Rituale geben uns auch Anteil an den Wurzeln. Wir üben oft Rituale, die unsere Vorfahren geprägt haben. In der Fuggerei praktizieren die Bewohner das Ritual, täglich drei Gebete zu beten. Indem sie das tun, haben sie Anteil an der Glaubenskraft und Lebenskraft ihrer Vorfahren. Die Menschen, die seit 500 Jahren in der Fuggerei leben, haben dieses Ritual in guten und schlechten Zeiten geübt, in Zeiten von Krankheit und Krieg. Das hat ihnen Halt gegeben. Indem die Bewohner das gleiche Ritual üben, fühlen sie sich getragen vom Glauben vieler Menschen vor ihnen.

Der Glaube braucht einen Ausdruck, sonst löst er sich langsam auf. Die Rituale sind ein konkreter Ausdruck des Glaubens. Wir wissen theoretisch, dass Gott immer gegenwärtig ist. Aber wir leben nicht aus dieser heilenden Gegenwart Gottes. Die Rituale erinnern uns täglich daran, dass wir getragen sind von Gottes heilender Liebe, dass wir nicht allein sind. Und die Rituale geben uns das Gefühl von Heimat. Wir fühlen uns daheim in diesen Ritualen. Denn die deutsche Sprache weiß: Heimat hat mit Geheimnis zu tun. Daheim sein kann man nur, wo das Geheimnis wohnt.

> „Gott braucht unsere Rituale nicht. Aber uns tun sie gut. Sie strukturieren den Tag, sie geben dem Tag eine Form. Die Griechen sagen: Weil unser Leben ein Fest ist, gestalten wir es mit Ritualen."
>
> Anselm Grün

ZUKUNFT & GESCHICHTE DER FUGGEREI

Stiftungsbrief von 1521
Motivation, Struktur und Finanzierung
Seniorat, Mitarbeiter und Bewohner
Familie Fugger seit 1367
Jakob Fugger
Geschichte der Fuggerei

DIE ZUKUNFT DER FUGGEREI: AM BESTEN EWIG UND GERN WELTWEIT

Jubiläum mit Blick nach vorn

Am 23. August 2021 jährte sich der Tag, an dem Jakob Fugger den Stiftungsbrief für die Fuggerei ausstellte, zum 500. Mal. Rund um diesen besonderen Geburtstag fanden mehr als hundert Veranstaltungen von Ausstellung bis Workshop statt. Dabei ging es vor allem um die Kernideen der Fuggerei als Impuls für soziales Wohnen weltweit. Denn ein Konzept, das schon so lange erfolgreich ist, könnte auch anderswo Zukunft begründen. Unter dem Motto Fuggerei NEXT500 lud das Fuggersche Familienseniorat deshalb eine Vielzahl internationaler Gäste zum Austausch über die Potenziale der Stiftungsidee ein.

Signal für Entwicklung

Ein zentraler Ort des Jubiläums war der temporäre Fuggerei NEXT500 Pavillon am Augsburger Rathausplatz. Fünf Wochen lang inspirierte hier ein Festivalprogramm die Öffentlichkeit und die zahlreichen Gäste, die das Programm aktiv gestalteten. Für den wiederaufbaubaren Pavillon verwendeten MVRDV-Architekten aus Rotterdam Holz aus den nachhaltig bewirtschafteten Fuggerschen Stiftungswäldern.

Pavillon innen, Blick auf die Bar

Warum Fuggerei NEXT500?

Vor 500 Jahren legte Jakob Fugger fest, dass die Fuggerei „in ewig Zeit" bestehen soll. Seine Nachfolger bekamen den Auftrag, stets alles Nötige für ihren Fortbestand zu tun und sie möglichst auch zu „mehren" – heute würde man von entwickeln sprechen. Zudem errichtete Jakob Fugger seine Siedlung „in exemplum", also zum Vorbild. Drei gute Gründe für Fuggerei NEXT500. Inhalt und Ziel dieses Konzeptes: den Auftrag der Fuggerei weiterzuentwickeln und sie als Vorbild für soziale Innovation global zur Wirkung zu bringen. Menschen und Institutionen in aller Welt können sich nun dem Stiftungsgedanken der Fuggerei anschließen und individuelle „Fuggereien der Zukunft" an vielen Orten entstehen lassen. Auch die Fuggerei in Augsburg kann und soll durch Zustiftungen und Spenden gestärkt werden.

Der Grundstein für eine „Fuggerei der Zukunft" in Sierra Leone ist gelegt: Die Stifterinnen Stella Rothenberger und Rugiatu Neneh Turay wollen im Fischerdorf Rothumba gemeinsam mit den Bewohnern und lokalen Bauleuten eine nachhaltige, soziale Siedlung realisieren. Die Fuggerei in Augsburg stand Pate.

DER FUGGEREI-CODE

Kerngedanke zusammengefasst

Die Idee der Fuggerei wurde schon öfter nachgeahmt, aber meist entstanden dabei ganz „normale" Sozialsiedlungen oder Wohnstiftungen. Mit Fuggerei NEXT500 gibt es nun eine Art Anleitung für Wohnsiedlungen nach dem erfolgreichen Vorbild der Fuggerei. Sie basiert auf den Kerngedanken der Fuggerei, ihrem „Geheimnis", das sie von anderen Stiftungen und auch Sozialsiedlungen unterscheidet. Diese Kerngedanken wurden erstmals zum 500-jährigen Stiftungsjubiläum in einer Art Code zusammengefasst. Der Fuggerei-Code basiert auf einem Vergleich der Vorgaben aus der Stiftungsurkunde von Jakob Fugger mit ihrer heutigen Anwendung. Es hat sich gezeigt, dass es Bestimmungen gibt, die sich über alle Krisen und Zeiten hinweg bewährt haben, weil man sie zeitgemäß anpassen konnte – eben wie eine DNA-Formel oder einen Code. Im Code sind sie so zusammengefasst und formuliert, dass er auch in Zukunft und für weitere Fuggereien als Anleitung gelten kann. Denn er schreibt den Kern des Stifterwillens von Jakob Fugger fort, ist aber offen genug für eine moderne und zukunftsfähige Auslegung. So können Stifter nach ihren persönlichen Zielen und unter ihrem Namen Wohnstiftungen realisieren, die das Qualitätsmerkmal „Fuggerei" tragen.

Ein Team des international bekannten Architekturbüros MVRDV hat die Strukturen der Fuggerei analysiert und daraus ein modernes, modulares Baukastensystem entwickelt.

FUGGEREI NEXT500

DER FUGGEREI-CODE IM WORTLAUT:
Dieser Ort ist ein kuratierter Lebensraum für die Ewigkeit. Für eine minimale spirituelle und monetäre Gegenleistung ermächtigt die Stiftung Bedürftige in der Region, ein selbstbestimmtes Leben in Würde zu führen. Das Konzept der Fuggerei setzt Maßstäbe seit 1521.

DIE BEDEUTUNG DER EINZELNEN FORMULIERUNGEN:

Lebensraum: Es geht nicht um eine reine Unterbringung. Die Menschen sollen sich in einer Fuggerei individuell entfalten, aber auch Gemeinschaft erleben können.

Kuratiert: Ein verantwortliches Gremium vollzieht den Stifterwillen und eine Verwaltung kümmert sich vor Ort um die Bewohner.

Ewigkeit: Die Fortdauer einer Fuggerei muss durch eine vorausschauende Leitung und eine ausreichende finanzielle Ausstattung nachhaltig gewährleistet sein.

Minimale spirituelle Gegenleistung: Steht für den Sinn des Betens oder Moment des Innehaltens, um die eigene Verbundenheit mit den Mitmenschen wahrzunehmen.

Minimale monetäre Gegenleistung: Dies geht auf den Rheinischen Gulden (heute 88 Cent) Jahresmiete zurück. Die Gegenleistung an sich ist seit jeher wichtig, da die Bewohner hiermit einen eigenen Beitrag leisten und keine Almosenempfänger sind.

Stiftung: Eine Fuggerei muss als Stiftung geführt werden.

Ermächtigt die Bewohner: Die Bewohner sollen Hilfe zur Selbsthilfe bekommen.

Ein Leben in Würde: Durch hochwertige Architektur, Ausstattung und Details ist eine Fuggerei auf ein selbstbestimmtes Leben in einer guten Umgebung ausgerichtet.

Aus der Region: Eine Fuggerei ist für Menschen bestimmt, die schon eine Zeitlang vor Ort zu Hause sind.

Maßstäbe seit 1521: Die Fuggerei ist in ihrer Ausrichtung, in ihrer Größe und Qualität seit 1521 ein Vorbild. Ein Beispiel: hier fanden von Anfang an erheblich mehr Bedürftige ein Dach über dem Kopf als in anderen Wohnstiftungen. Merkmal einer Fuggerei ist also, dass sie optimalen Platz für viele Menschen bietet.

Jacob van Rijs

WIE BAUT MAN FÜR EIN LEBEN IN WÜRDE?

JACOB VAN RIJS

geboren 1964 in Amsterdam (NL), ist ein international tätiger Architekt und Gründungspartner von MVRDV – ein Architekturbüro in Rotterdam. Er ist bekannt für seinen Einsatz gewagter Konzepte, kombiniert mutige Ideen mit einem menschen- und benutzerfreundlichen Ansatz. Van Rijs hat eine Vielzahl der bemerkenswertesten Projekte des Büros geleitet und ist auch der Vordenker für die Architektur des Fuggerei NEXT500 Pavillons und der Fuggereien der Zukunft.

Überall in der Welt sieht man große Sozialwohnungsbausiedlungen, die teilweise recht gut funktionieren, aber leider auch oft extreme soziale Brennpunkte sind. Diese Siedlungen sind gemäß dem Ideal gebaut, dass gutes Wohnen ein Menschenrecht ist. Ihr Versagen liegt oft an der Masse und Homogenität der Quartiere und der Überzeugung, dass es einen Unterschied geben muss zwischen Sozialwohnungen und den Unterkünften für den Rest der Gesellschaft. Menschen werden abgesondert in Vierteln mit qualitativ minderwertiger Architektur.

Der Unterschied beruht auf dem – unbewussten – Glauben, dass Menschen in Sozialwohnungen ihr Los verdienen. Wenn wir uns aber klarmachen, dass eine gute Ausbildung und ein liebevolles, unterstützendes und kapitalkräftiges Elternhaus Privilegien sind, die gesellschaftlich erfolgreichen Menschen den Aufstieg ermöglichen, also der Start ins Leben nicht auf Eigenleistung beruht, kann man verstehen, dass ein Leben im Sozialwohnungsbau im Allgemeinen nicht selbstverschuldet ist und daher auch keine Strafe sein sollte. Eine Kindheit unter Hartz IV ist – wie der Bundesgerichtshof geurteilt hat – nicht menschenwürdig. Die Architektur der Sozialwohnungen sollte nicht weniger Qualität haben, sondern eher mehr, da die Bewohner oft in schwierigen Situationen leben und gute Architektur und Stadtplanung zu einer besseren Lebensqualität beitragen. Das wird der gesamten Gesellschaft wieder zugutekommen. Brennende Vorstädte und soziale Brennpunkte sind in jeder Hinsicht furchtbar, teuer und schaden der Gesellschaft.

Neu ist vielleicht, dass es inzwischen weltweit einen Teil der Bevölkerung gibt, der nicht einmal bedürftig ist, gesellschaftlich wichtige Funktionen innehat, wie Pflegepersonal, Polizeiangehörige, Feuerwehr, sich aber keinen Wohnraum mehr leisten kann. Das liegt auch daran, dass weltweit in Städten die Kieze mit bezahlbarem Wohnraum, die sogenannten Urban Villages, entweder abgerissen oder yuppifiziert werden.

Daher sind die Architektur und die Leitgedanken der Fuggerei eine unglaubliche Innovation. Von Anfang war sie mit ihrer Reihenhausstruktur, hochwertiger Materialität, gemeinschaftlichem Programm, relativ großen, adaptierbaren Wohnungen und vielen individuellen Merkmalen auf eine würdige Wohnsituation für die Bewohner ausgerichtet.

Besonders wichtig ist der Gedanke, dass man mit sozialem Wohnraum Menschen ein Leben in Würde ermöglichen kann und den Bewohnern dadurch die Möglichkeit gibt, ein selbstbestimmtes Leben zu führen.

Wohnen ist ein durch die UNO unterstütztes Menschenrecht und weltweit ein immer größer werdendes Problem. Wir brauchen also mehr würdevolle Architektur für alle, die sich Wohnen an sich nicht mehr leisten können.

„Wir brauchen mehr würdevolle Architektur für alle, die sich Wohnen an sich nicht mehr leisten können."

Jacob van Rijs

DIE WICHTIGSTEN BESTIMMUNGEN DER STIFTUNGSURKUNDE

Gilt auf ewig: Die Stiftungsurkunde
Die Stiftungsurkunde verpflichtet seit 1521 alle, die für die Fuggerei-Stiftung verantwortlich sind, den Stifterwillen von Jakob Fugger zu erfüllen. Die Kerngedanken der Urkunde müssen, wie meist bei jeder Stiftung, soweit möglich, unverändert und auf ewig umgesetzt werden. Im Laufe von 500 Jahren gab es daher in der Praxis immer wieder Anpassungen, die zeitbedingt notwendig wurden und dennoch dem Stifterwillen entsprechen.

Vorgaben aus der Stiftungsurkunde:
FÜR DIE EWIGKEIT
„Nun hinfüro in ewig Zeyt" …
„durch die gemelten Meine vettern vnnd Jr nachkomen"
Mehrfach taucht im Stiftungsbrief der Hinweis auf, dass die Stiftung „in ewig Zeit" bestehen soll. Also musste Jakob Fugger die Verwaltung der Stiftungen über seinen Tod hinaus sicherstellen. Da er keine Nachkommen hatte, setzte er die ältesten Söhne seiner beiden Brüder und deren Nachkommen als Verwalter der Stiftungen ein. Erst wenn kein Mitglied der Familie Fugger mehr am Leben wäre, sollte die Verwaltung an die Stadt Augsburg übergehen.

BEDÜRFTIGE EINWOHNER AUGSBURGS MIT IHREN FAMILIEN
„Fromen Armen taglöhnern vnd handtwerckern Bürgern vnd Inwonern diser stat Augspurg, die es nottürfftig sein vnnd am Basten angelegt ist"
Die Fuggerei richtete sich an fromme Tagelöhner und Handwerker sowie ihre Familien, die es „notdürftig sein" – also bedürftig waren. Viele Handwerker und Tagelöhner gerieten damals während Krisenzeiten in Not. Für diese arbeitenden oder arbeitswilligen Augsburger war die Fuggerei gedacht. Die neue Idee der Fuggerei: Dank günstiger und guter Wohnungen sollten sie wieder ein selbstständiges und würdiges Leben führen können. Die Bewerber mussten in Augsburg wohnhaft, aber nicht unbedingt dort geboren sein.

EIN GULDEN MIETE
„ain Yedes hawsvolckh alle Jar ain gulden"
Als geringe Gegenleistung der Fuggerei-Bewohner legte Jakob Fugger einen Gulden pro Jahr und drei Gebete am Tag fest. Das Prinzip der Gegenleistung sicherte die Würde der

Bewohner, sie waren damit keine Almosenempfänger. Ein Gulden entsprach damals etwa dem Wochenlohn eines Handwerkers. Vergleichbare Wohnungen außerhalb der Fuggerei kosteten ein Mehrfaches. Bis heute wurde die Miete nicht erhöht. Der Gulden wurde bei Währungsumstellungen stets nur nominell (ohne Berücksichtigung der Inflationsrate) umgerechnet und entspricht heute 88 Cent.

DREI GEBETE/KATHOLISCH
„Auch ain yeder mensch, Jung oder alt, so es vermag, ain patter noster, aue maria vnd ain glouben altäg Sprechen soll"

Ein neuer Ansatz: Während in anderen Wohnstiftungen oft den ganzen Tag gebetet werden musste, ließ der geringe Gebetsaufwand in der Fuggerei den Bewohnern genug Zeit für die Arbeit. Um die drei Gebete zu sprechen, braucht man nur etwas länger als eine Minute. Außerdem konnten die Bewohner selbst entscheiden, wann und wo sie beteten.

Aus der Festlegung auf die drei Gebete Vaterunser, Ave Maria und Glaubensbekenntnis wurde später abgeleitet, dass Fuggerei-Bewohner katholisch sein müssen. Das Wort „katholisch" steht zwar nicht im Stiftungsbrief, doch wird das Ave Maria nur von Katholiken, nicht aber von Lutheranern oder Reformierten gebetet. Zudem hat sich Jakob Fugger mehrfach gegen die damals aufkommende Reformationsbewegung und Luther ausgesprochen.

INNOVATION FUGGEREI

Eine besondere Wohnstiftung

Stiftungen zugunsten bedürftiger Mitmenschen waren im späten Mittelalter weit verbreitet. Es gab Almosenstiftungen, aber auch Wohnstifte, in denen die Bewohner als Gemeinschaft zusammenlebten. Diese Wohnstiftungen boten meist Alten oder Kranken Unterkunft oder richteten sich an Pilger. Die Anzahl der Plätze orientierte sich oft an einer biblischen Zahl – meist zwölf in Anlehnung an die Apostel. Auch in Augsburg gab es solche Wohnstiftungen, als Jakob Fugger die Fuggerei plante. Er hätte die gängigen Modelle einfach an Größe überbieten können, aber er entwickelte ein völlig anderes Konzept.

Für Hausarme und ihre Familien

Jakob Fuggers neue Idee: Arbeitsfähige Menschen in Not sollten dank einer günstigen Wohnung in Würde leben und sich selbst helfen können. Er richtete sich also statt an Alte und Kranke an arbeitende Menschen, die ein günstiges Dach über dem Kopf brauchten. In den Städten gab es viele sogenannte Hausarme, die sich ihre Miete kaum leisten konnten und oft unter erbärmlichen Umständen wohnten. Sie erhielten teils Almosen, galten aber im Gegensatz zu öffentlichen Bettlern als sogenannte „verschämte" und damit ehrenhafte Arme. Jakob Fugger wollte diesen Mitbürgern eine günstige Wohnung bieten, damit sie finanziell wieder auf die Beine kommen konnten.

Viel Platz und große Wohnungen

Die schiere Größe der Fuggerei war zu ihrer Entstehungszeit eine Innovation für sich. In Augsburg gab es damals um die 3.000 Menschen, die als sogenannte Habnitse in den Steuerbüchern geführt wurden. Habnitse bezeichnet eine Vermögenssteuerklasse bzw. Personengruppe mit bescheidenen finanziellen Mitteln, die häufig kein Vermögen zur Vorsorge aufbauen konnten und eine verringerte Steuer entrichteten. Zu diesem Personenkreis, der in Krisenzeiten vom Abgleiten in die Armut bedroht war, zählten vor allem Tagelöhner, Bauhandwerker und Weber. Mit Wohnungen für 300 Menschen bot die Fuggerei also Platz für relativ viele Menschen aus dieser Gruppe. Zudem waren die Wohnungen und Höfe auch für die Einrichtung eines Arbeitsplatzes geeignet. So konnten viele Handwerker zu Hause arbeiten und das Geld für eine Werkstatt sparen.

EINZIGARTIGES KONZEPT

AUGSBURG 1521

Im Jahr 1521 war Augsburg eines der wichtigsten Wirtschaftszentren in Europa, Sitz großer Handelsgesellschaften und ein bedeutendes politisches sowie kulturelles Zentrum. In der Metropole lebten ca. 30.000 Menschen aus sehr unterschiedlichen sozialen Schichten. Die Zahl der Bürger ohne Vermögen machte einen Großteil der Bevölkerung aus. Soziale Sicherungssysteme, wie wir sie heute kennen, gab es im 16. Jahrhundert nicht. Man musste selbst Rücklagen bilden, um sich abzusichern: Ab 50 Gulden konnte man im Alter oder in Krisenzeiten überleben, ab 100 Gulden (ca. zwei bis drei Jahreslöhne eines Handwerkers) einigermaßen auskommen. Wer weniger hatte und nichts oder wenig verdiente, brauchte Unterstützung.

**Soziale Schichten
in Augsburg nach Steuerklassen**

ca. 50 Prozent:
Bettler, Tagelöhner, Habnitse
ca. 46 Prozent:
Untere bis obere Mittelschicht
ca. 4 Prozent:
Finanzielle Oberschicht

Besteuert wurden nicht Einkommen, sondern Vermögen ab 75 Gulden. Wer weniger besaß, zahlte höchstens eine Kopfsteuer.

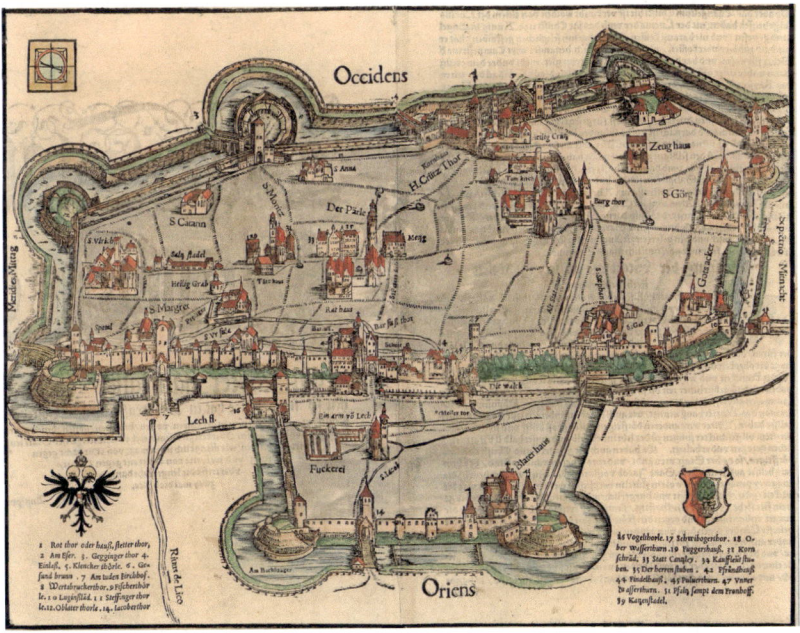

Plan von Augsburg von Sebastian Münster (um 1650) mit wichtigen Gebäuden, darunter die Fuggerei

JAKOB FUGGERS MOTIVATION ALS STIFTER

Drei Stiftungen – eine Urkunde

Jakob Fugger gründete seine Stiftungen 1521 auch im Namen seiner beiden bereits verstorbenen Brüder Georg (†1506) und Ulrich (†1510). Wie viele andere reiche Familien betätigten sich die Fugger in unterschiedlicher Form als Förderer. Noch zu Lebzeiten von Ulrich wurde die Stiftung und der Bau einer Grabkapelle bei St. Anna beschlossen und dafür ein eigenes Konto eingerichtet. 1521 sicherte Jakob Fugger schließlich juristisch drei Stiftungen in einer gemeinsamen Urkunde: die Kapelle bei St. Anna, eine Predigerstelle (Prädikatur) in St. Moritz sowie die Fuggerei, die auf seine Initiative zurückgeht. Die Kapellenstiftung bei St. Anna hatte mit 15.000 Gulden die höchste Ausstattung. Aber insbesondere die Fuggerei war durch ihre Zielsetzung, ihren Umfang und durch die von Jakob Fugger zur Verfügung gestellte Summe für eine Wohnstiftung einzigartig – nicht nur in ihrer Zeit. Was bewegte Jakob zu dieser Stiftung?

Das Bildnis Jakob Fuggers trägt die Bezeichnung „JACOBVS FVGGER CIVIS AVGVSTAE" (Jakob Fugger, Bürger von Augsburg). Den vielfach kopierten Farbholzschnitt fertigte Hans Burgkmair ca. 1511.

Vier Gründe für die Fuggerei

1. Christliche Aufgabe

Nach dem religiösen Verständnis der Zeit entsprachen Stiftungen wie die Fuggerei dem christlichen Gebot der Caritas – der Nächstenliebe. Die gute Tat und die Gebete der Begünstigten wirken zudem für das Seelenheil der Stifter und ihrer Familien im Jenseits. Jakob Fugger kam es aber mit der Fuggerei-Stiftung nicht nur auf sein Seelenheil an. Denn die Fuggerei-Bewohner sollten nur drei Gebete

am Tag sprechen, viel weniger als in anderen Wohnstiftungen. Dafür hatte er vielmehr die Kapellen-Stiftung in St. Anna vorgesehen. Er machte umfangreiche Vorschriften zu Messen und Gebeten, die dort für ihn und seine Familie abgehalten und gesprochen werden sollten.

2. Andenken und Ehre der Familie
Schon im späten Mittelalter galt es als gerecht, der Gemeinschaft etwas zurückzugeben von dem, was man bekommen hatte. „Geben" bedeutete außerdem Ehrgewinn für die ganze Familie. Ehre spielte damals eine sehr wichtige Rolle. Stiftern und ihren Familien waren Ruhm und Ehre bei den Zeitgenossen und sogar bei der Nachwelt sicher. Denn Stiften bedeutet Geben mit andauernder Wirkung – und damit andauerndes ehrenvolles Erinnern. Das war für Jakob Fugger wie für viele andere Stifter seiner Zeit ein wichtiger Beweggrund.

3. Verpflichtung für die Stadtgemeinde
Die Menschen in Reichsstädten wie Augsburg waren viel stärker an das System der eigenen Stadt gebunden als heute. Durch verbriefte Aufnahme bzw. Eid wurde man Mitglied einer Stadtgemeinde mit ihren eigenen Rechten, Normen und Pflichten. Jakob Fugger war Teil dieser Gemeinschaft: als Augsburger Bürger ein Gleicher unter Gleichen, der mit seinen Mitbürgern genossenschaftlich verbunden war. Es galt als Pflicht, sich umeinander zu kümmern. Jakob Fugger ging es mit der Fuggerei-Stiftung auch darum, Verantwortung wahrzunehmen und Bürgergenossen in Not zu helfen.

4. Persönlicher Schaffensdrang
Zur religiösen und sozialen Motivation kam als persönlicher Wesenszug Jakob Fuggers schöpferischer Antrieb: Er wollte Hilfe für Arme besser, wirkungsvoller und nachhaltiger als bisher gestalten. Sein neuer Ansatz: Arbeitsfähige Menschen in Not sollten dank einer günstigen Wohnung in Würde leben und sich selbst helfen können. Ebenfalls neu: Größe und Anlage der Siedlung, die ein eigenständiges Leben ermöglichten.

NEUN AKTIVE STIFTUNGEN

Neuordnung unter Anton Fugger
Als Neffe und Nachfolger von Jakob Fugger führte Anton Fugger die Firma und auch die Stiftungen erfolgreich weiter. 1548 gab er den bereits bestehenden drei Stiftungen auf der Grundlage von Jakobs Stiftungsbrief eine neue Ordnung und überarbeitete einige Bestimmungen. Anton stellte zudem weitere Stiftungen unter das gemeinsame Dach. Heute gibt es neun Fuggersche Stiftungen, die ununterbrochen seit dem 16. Jahrhundert bestehen und gemeinsam verwaltet werden.

Anton Fugger, Porträt von Hans Maler zu Schwaz

Grabkapelle bei St. Anna
Die Grablege diente dem Gedenken an die Verstorbenen der Familie und der Repräsentation. Neben den Brüdern Georg, Ulrich und Jakob ruhen auch Jakobs Neffen Hieronymus und Raymund Fugger in der Gruft. Die Stiftung finanziert den Erhalt der katholischen Kapelle in der heute evangelischen Kirche St. Anna.

Prädikatur von St. Moritz
Jakob Fugger gehörte zur Gemeinde von St. Moritz und setzte sich mit ihr für eine bessere Predigt ein. 1517 erhielt er vom Papst das Recht, fortan einen Theologen für die Predigerstelle zu wählen. Den Unterhalt der Stelle sicherte er mit der Prädikaturstiftung. Das Präsentationsrecht nimmt das Familienseniorat bis heute wahr.

Fuggerei
Ein Vertrag mit der Stadt Augsburg von 1516 regelte Grundlegendes zum Wesen der entstehenden Siedlung. 1523, also noch zu Lebzeiten Jakob Fuggers, wurde die Fuggerei mit damals 52 geplanten Häusern fertiggestellt. Als Jakobs Nachfolger rundete Anton Fugger die Anlage ab und betrieb deren Instandhaltung.

Holz- und Blatternhaus

Das Holz- und Blatternhaus in der Fuggerei wurde bereits in den 1520er Jahren in Betrieb genommen. 1548 wurde es von Anton Fugger zu einer eigenständigen Stiftung aufgewertet.

Veit-Hörl-Stiftung

Veit Hörl, ein Handelsdiener der Fugger stellte in seinem Testament von 1546 Stiftungskapital für wohltätige Zwecke zur Verfügung. Dementsprechend errichtete Anton Fugger 1548 eine Zustiftung zum Holz- und Blatternhaus, die zusätzliche Behandlungsplätze ermöglichte.

Spital Waltenhausen

1537 stellte Jakob Fuggers Neffe Hieronymus Fugger testamentarisch das Kapital für eine Einrichtung zur Unterstützung armer fuggerscher Untertanen wie auch verarmter Familienmitglieder bereit. Die entsprechende Stiftungsurkunde wurde 1548 verfasst.

Dr. Simon-Scheibenhardt-Stiftung

Dr. Simon Scheibenhardt war ab 1555 Prediger in St. Moritz. 1567 bestimmte er testamentarisch eine Stiftung zugunsten katholischer Armer und Kranker.

Schneidhaus

1560 legte Anton Fugger wenige Wochen vor seinem Tod in einer Ergänzung zu seinem Testament eine Stiftung zur Behandlung Bedürftiger durch Schnitt- und Wundärzte im Schneidhaus fest, einer chirurgischen Einrichtung nahe der Fuggerei.

Dr. Johannes-Mylius-Stiftung

Die 1595 testamentarisch begründete Studienstiftung des Rechtsvertreters der Fugger in Spanien ermöglichte die Einrichtung eines Kollegs mit Plätzen für ein kostenfreies Studium im heute belgischen Löwen.

GUT ANGELEGTES GELD

Finanzierung der Fuggerei

Die Fuggerei finanziert sich durch eine selbstständige, unabhängige und gemeinnützige Stiftung mit einem eigenen Vermögen, das nur für den Stiftungszweck eingesetzt werden darf. Die finanziellen Wurzeln der Stiftung gehen auf einen Betrag von 30.000 Gulden zurück, den Ulrich Fugger bereitgestellt hatte. Im Jahr 1511 waren davon noch 15.000 Gulden übrig. Fortan wurden die Gelder über das „Konto St. Ulrich" verbucht, das – nach dem Vorbild italienischer Kaufleute – zu frommen Zwecken eingerichtet wurde. Darauf weist auch die Benennung nach einem Heiligen hin. Jakob steuerte zusätzlich Geld aus seinem Privatvermögen bei und finanzierte damit den Bau der Fugger-Kapelle in St. Anna und der Fuggerei. In der Stiftungsurkunde von 1521 setzte er mit weiteren 10.000 Gulden den finanziellen Grundstock und den Rahmen für die künftige Verwendung der Stiftungsgelder fest. Das Stiftungskapital wurde zum üblichen Zinssatz von 5 Prozent angelegt, die Kapitalerträge dienten den Ausgaben der Stiftungen wie etwa der Instandhaltung der Fuggerei.

Vom Kapital zur Liegenschaft

1548 trennte Anton Fugger die Finanzverwaltung der Stiftungen vom Handel. Dies sicherte ihre wirtschaftliche Eigenständigkeit und ihren Fortbestand unabhängig von der Fuggerschen Handelsfirma. 1660 erfolgte eine entscheidende Maßnahme: Nachdem sich während des Dreißigjährigen Krieges Kapitalanlagen als unsicher erwiesen hatten, investierte man die Stiftungsgelder nun in Grundherrschaften. Rückblickend war diese Umwandlung von der Kapital- zur Liegenschaftsstiftung wegweisend. Denn die Erlöse aus dem Grund- und Waldbesitz sicherten das Überleben der Fuggerei auch in Zeiten von Inflationen und Währungsreformen.

Basis: Die Stiftungswälder

Die Fuggerschen Stiftungen und damit auch die Fuggerei finanzieren sich noch heute vor allem aus den Erlösen der eigenen Forstwirtschaft. 3.200 Hektar Waldflächen sind im Besitz der Stiftungen. Seit Generationen wird an ihrer Pflege und ihrem Ausbau zu stabilen Mischbeständen gearbeitet, um den Wald fit für die Zukunft zu machen. Der Fichtenanteil wurde bereits auf 64 Prozent gesenkt.

Der Fuggersche Stiftungswald

Wichtig: Eintritte und Spenden

Neben der Forstwirtschaft leisten die Eintrittsgelder der Fuggerei-Besucherinnen und -Besucher einen großen Beitrag zum Erhalt der Fuggerei. Im Jubiläumsjahr 2021 wurde außerdem die Fuggerei-Förderstiftung ins Leben gerufen. Damit kann der Stiftungszweck unkompliziert und sicher durch Spenden und Zuwendungen unterstützt werden.

Instandhaltung, Modernisierung und Verwaltung der Fuggerei werden seit jeher durch Stiftungsmittel finanziert – ohne Steuermittel oder Zuschüsse der öffentlichen Hand. Die Fuggerei-Wohnungen werden fortlaufend saniert und dabei möglichst barrierearm ausgebaut. Um die 60.000 Euro müssen dafür pro Wohnung aufgewendet werden.

DAS WERK VIELER GENERATIONEN

Ehrenamtliche Verantwortung für die Stiftungen

Jakob Fuggers Ehe blieb kinderlos. In seinen Testamenten bestimmte er die Nachkommen seiner Brüder Georg und Ulrich zu Verantwortlichen für die Stiftungen, solange ihre Linien existieren. Bereits Jakobs Neffe Anton Fugger stellte wichtige Weichen für die Stiftungen. Im Laufe der Jahrhunderte gelang es den weiteren Verantwortlichen, die Fuggerei durch wirtschaftliche und politische Krisen zu führen, sie nach Zerstörungen neu zu errichten und auch dem Stand der Zeit anzupassen. Nur so ist die Erfüllung des Stiftungszwecks als Heimat für Bedürftige „in ewig Zeit" möglich. Dieser Passus in der Stiftungsurkunde ist Verpflichtung für die Nachfolger von Jakob Fugger, genauso – wie er selbst – innovative Wege zu gehen, wenn sie dem Fortbestehen der Fuggerei dienen.

Verantwortlich für die Stiftungen heute

Aus dem von Jakob Fugger definierten Kreis der Verantwortlichen für die Stiftungen existieren heute drei Linien. Sie gehen auf Anton und Raymund Fugger zurück, beides Söhne seines Bruders Georg. Jede Linie entsendet ein Mitglied in das Fürstlich und Gräflich Fuggersche Familienseniorat, traditionell den Chef der jeweiligen Linie. Mittlerweile übernehmen auch andere Vertreterinnen und Vertreter der Linie diese Aufgabe. Das Familienseniorat nimmt ehrenamtlich und wirtschaftlich unabhängig die Aufgaben einer strategischen Entscheidungsebene für die Fuggerschen Stiftungen wahr. Juristisch gesehen ist es das Organ der Stiftungen und damit ihr rechtlicher Vertreter.

Im heutigen Fürstlich und Gräflich Fuggerschen Familienseniorat ist die 16. Generation seit Jakob Fugger und seinen Brüdern aktiv:

- **Alexander Erbgraf Fugger-Babenhausen** (Senioratsvorsitzender) aus der Linie Fugger-Babenhausen
- **Maria Theresia Gräfin Fugger von Glött** aus der Linie Fugger von Glött
- **Isabella Gräfin Thun-Hohenstein** aus der Linie Fugger-Kirchberg
- **Leopold Graf Fugger-Babenhausen** aus der Linie Fugger-Babenhausen (beratendes Mitglied)

Der traditionell enge Austausch mit Verbänden, Institutionen und

Isabella Gräfin Thun-Hohenstein, Alexander Graf Fugger-Babenhausen, Leopold Graf Fugger-Babenhausen und Theresia Gräfin Fugger von Glött (v.l.) empfangen Rip Rapson, CEO der US-amerikanischen Kresge Foundation (Mitte), im Senioratsgebäude der Fuggerei.

Stiftungen aus aller Welt ist wichtig für die Weiterentwicklung der Fuggerei. Konzepte wie Fuggerei NEXT500 zeigen, dass die Idee der Fuggerei auch Antworten auf globale Herausforderungen geben kann.

Das Seniorat ist so organisiert, dass Entschlüsse im Zusammenwirken aller Fuggerschen Linien getroffen werden. Die Senioratsmitglieder werden auch Senioren bzw. Konsenioren genannt. Sie wählen oder bestätigen alle vier Jahre eine bzw. einen Vorsitzende(n), der die Sitzungen leitet und Hauptansprechpartner für Administration und Öffentlichkeit ist. Gleichwohl übernehmen alle Senioratsmitglieder repräsentative Aufgaben und stehen im engen Kontakt untereinander und mit der Administration.

Beispiele für die Aufgaben des Seniorats:

- Entscheidungen bei der Interpretation der Stiftungssatzung
- Grundsatzentscheidungen zur Entwicklung der Fuggerei, z.B. bei der langfristigen Finanzierung, Personal, Öffentlichkeitsarbeit, touristischen Belangen
- Repräsentation gegenüber Öffentlichkeit, Politik, Behörden und Medien
- Juristische Vertretung der Stiftung

ZUSAMMEN FÜR EIN WERTVOLLES ZIEL

Die Administration

Die Fachleute der Administration verwalten den Stiftungsbesitz, der den Unterhalt der Fuggerei ermöglicht, und kümmern sich um alle Bereiche des Tagesgeschäfts: die Verwaltung der Fuggerei-Wohnungen und die Anliegen der Bewohner, die bauliche Entwicklung der Fuggerei, die Öffentlichkeitsarbeit, alle stiftungsrelevanten Vorgänge, z. B. mit Behörden, der Kirche, dem Fuggerarchiv und dem Stiftungsforstamt, aber auch um Finanzbuchhaltung und Personalplanung. Rund 50 Menschen arbeiten in unterschiedlichen Berufsfeldern für die Fuggerei.

Leiter der Fuggerei-Verwaltung ist der Administrator. Er trägt die geschäftsführende exekutive Verantwortung in der Fuggerei und steht im engen Austausch mit dem Seniorat. Zu seinen Kernaufgaben zählt die Finanz- und Vermögensverwaltung inklusive der Budgetverantwortung für alle operativen Maßnahmen. Der Administrator ist in das Tagesgeschäft vor Ort eingebunden und übernimmt die Aufgaben eines Geschäftsführers. Als Repräsentant der Fuggerei ist er in der Öffentlichkeit und in Verbänden aktiv.

Administrator Wolf-Dietrich Graf von Hundt steht an der Spitze der Verwaltung. Außerdem ist er wie eine Art Bürgermeister für wichtige Anliegen der Bewohnerinnen und Bewohner da.

Der Fuggerei-Pfarrer

Traditionell ist für die Fuggerei ein eigener Pfarrer zuständig, der auch dort lebt. Er kümmert sich um die Seelsorge, feiert die Gottesdienste in der Kirche St. Markus und spendet auf Wunsch die Sakramente. Für ihren Pfarrer leisten die Bewohnerinnen und Bewohner denselben Beitrag wie für die Miete: jährlich 88 Cent.

Das Archiv

Das Fürstlich und Gräflich Fuggersche Familien- und Stiftungsarchiv befindet sich in Dillingen an der Donau. Dort kümmern sich der Archivar und sein Team um das historische Zeugnis der verschiedenen Linien der Familie Fugger und der Stiftungen, beantworten Anfragen und betreuen Archivbenutzer. Für die grundsätzliche Koordinierung der Forschung verantwortlich ist der Wissenschaftliche Leiter des Fuggerarchivs.

Der Forstbetrieb

Für die nachhaltige Bewirtschaftung der Stiftungswälder sind das Stiftungs-Forstamt in Laugna sowie mehrere Forstdienststellen verantwortlich. Schon seit dem 19. Jahrhundert setzte man bei den Stiftungen dafür auf Personal mit einer forstfachlichen Ausbildung. Dadurch entstanden eine hohe Waldgesinnung und strategisches, langfristiges Denken für den Forstbetrieb. Heute bewirtschaften 15 Mitarbeiterinnen und Mitarbeiter die ca. 3.200 Hektar Waldflächen der Stiftungen und bringen dabei ökonomische, ökologische und gesellschaftliche Aspekte miteinander in Einklang.

HEIMAT IN DER FUGGEREI FINDEN

Platz für ein Leben in Würde
Die Warteliste für eine Fuggerei-Wohnung umfasst derzeit 104 Anfragen. Die Zahl der Bewerbungen hat deutlich zugenommen. Hauptursache sind steigende Mieten, aber auch neue Lebenssituationen, in denen das Einkommen nicht mehr zum Wohnen reicht. Bei nur 88 Cent Jahreskaltmiete in der Fuggerei fällt also zumindest ein großer Teil der finanziellen Sorge weg. So können viele Bewohner ein Leben in Würde führen, das mehr ist als der tägliche Kampf ums Dasein.

Die Aufnahmekriterien im Überblick
Die Bestimmungen im Stiftungsbrief von 1521 sind heute noch gültig. Allerdings entspricht die Auslegung des Regelwerks nicht starr der des 16. Jahrhunderts, sondern wurde immer wieder zeitgemäß angepasst. Dies gilt auch für die Voraussetzungen, die Bewerberinnen und Bewerber um eine Fuggerei-Wohnung erfüllen müssen:

AUGSBURGER BÜRGER: Der Wohnsitz der Bewerberin oder des Bewerbers muss seit mindestens zwei Jahren in der Stadt Augsburg sein.
KATHOLISCH: Die Bewerberin oder der Bewerber muss in der für seinen Wohnsitz zuständigen katholischen Pfarrei gemeldet sein.
BEDÜRFTIG: Bestimmte Einkommens- und Vermögensgrenzen dürfen nicht überschritten werden.

AUSSERDEM:

UNBESCHOLTEN: Im polizeilichen Führungszeugnis dürfen keine Vorstrafen eingetragen sein.
SELBSTSTÄNDIGE HAUSHALTSFÜHRUNG: Die Bewerberin oder der Bewerber sollte imstande sein, seinen Haushalt selbst zu führen.
WICHTIG: Lebensalter, Herkunft oder Familienstand sind nicht entscheidend. Es können sich Alleinstehende, Ehepaare, Geschiedene, Familien und auch Alleinerziehende mit ihren Kindern bewerben.

Das Bewerbungsverfahren: persönlich und geschützt
Die Vergabe einer Fuggerei-Wohnung erfolgt nach klaren, nachvollziehbaren Regeln. Während des gesamten Verfahrens gilt für alle Berichte und Daten strenger Vertrauensschutz. Die ersten Gespräche führen Bewerber mit einer der beiden Sozialpädagoginnen, um die persönlichen Anliegen und Fragen sowie die Formalien abzuklären.

Wenn alle Aufnahmekriterien erfüllt sind und alle nötigen Daten und Belege vorliegen, beginnt die Wartezeit. Je nach Wohnungswunsch, Dringlichkeit der Bewerbung und Umfang der Warteliste ist dabei mit etwa drei bis fünf Jahren zu rechnen. Sobald eine passende Wohnung frei wird und daran Interesse besteht, erhält der Administrator einen Bericht der Sozialpädagogin. Es folgt ein gemeinsames Gespräch von Bewerber, Sozialpädagogin und Administrator. Danach sendet der Administrator einen Aufnahmeantrag zur Entscheidung an den Vertreter bzw. die Vertreterin der Fugger-Linie, die im Rotationsverfahren für die aktuelle Bewerbung zuständig ist. Wird die Aufnahme bewilligt, erhält der Bewerber das Wohnrecht. Vor dem Einzug schließen Stiftung und Bewohner einen Mietvertrag, der auch die Anerkennung der besonderen Hausregeln in der Fuggerei umfasst.

Hilfe zur Selbsthilfe

Das Wohnrecht in der Fuggerei gilt auf Lebenszeit. Aber es dient auch der Selbsthilfe. Die Sicherheit der günstigen Miete hilft oft, persönliche oder finanzielle Krisen zu bewältigen. Mieterhöhungen gibt es nicht, allenfalls die Betriebskosten, Strom- und Heizungskosten können steigen. Zudem werden alle Bewohner, die das möchten, bei der Jobsuche oder dem Erwerb von Qualifikationen unterstützt. Wenn die Verhältnisse sich verbessern, ziehen Bewohner auch wieder aus. Ein Beispiel: Bewohner in Ausbildung oder Umschulung, die sich eine Zeit lang keine andere Wohnung leisten konnten.

AKTUELLE ENTWICKLUNG

Heute bilden nicht mehr Rentner die größte Bewerbergruppe, sondern Alleinerziehende, einkommensschwache Berufstätige und Menschen mit unterbrochenen Arbeitsbiografien. Ein bis zwei Drittel der Bewohner sind in Voll- oder Teilzeit berufstätig. Einige Bewohner arbeiten stundenweise im Nachtwächter-, Kassen- oder Mesner-Dienst in der Fuggerei. Manche sind ehrenamtlich aktiv, in der Fuggerei selbst oder in sozialen Einrichtungen.

GLÜCKLICHER START IN DER STADT

Die Fugger von 1367 bis heute

„Fucker advenit, dedit XLIIII den. Dignus." lautet eine Zeile im Augsburger Steuerbuch von 1367: „Fugger ist angekommen, gab 44 Pfennig, er ist würdig."

Der Genannte war Hans Fugger, ein Weber aus dem Augsburger Umland, der in der Stadt sein Glück machen wollte. Dafür brachte er Startkapital mit, wie die erwähnte Steuer von 44 Pfennigen beweist. Bettelarm, wie oft erzählt wird, war der erste Fugger in Augsburg also nicht. Der Zusatz „er ist würdig" bedeutete, er sei geeignet, das Bürgerrecht zu empfangen. Dieses Bürgerrecht erwarb Hans Fugger bald durch die Heirat mit Clara Widolf, Tochter eines Webermeisters. Nach ihrem Tod heiratete er Elisabeth Gfattermann, die ebenfalls aus einer Weberfamilie stammte. Hans Fugger betätigte sich nicht nur als Weber, sondern auch erfolgreich im Tuchhandel. 1396 stand er bereits an 40. Stelle der Augsburger Steuerzahler.

Die nächste Generation: Erfolgreich mit Fernhandel

Als Hans Fugger 1408 starb, führte Elisabeth die Geschäfte für die noch minderjährigen Söhne Andreas und Jakob weiter und vermehrte das hinterlassene Vermögen. Die Brüder lernten beide das Goldschmiedehandwerk, bevor sie in den elterlichen Fernhandel einstiegen. Nach dem Tod ihrer Mutter im Jahr 1436 trennten sich ihre Wege. Geschäft und Vermögen von Jakob Fugger dem Älteren entwickelten sich positiv. Als er 1469 starb, führte seine Witwe Barbara Bäsinger den Fernhandel u. a. mit Baumwolle, Wolle, Seide und Südfrüchten erfolgreich fort. Wie ihre Schwiegermutter überlebte sie ihren Gatten um 28 Jahre. Gemeinsam mit ihren Kindern stärkte sie die Geschäfte und das Ansehen der Familie. 1473 erhielt die Familie das Lilienwappen. Der jüngste Sohn war damals 14 Jahre alt und trug den Namen des Vaters – er sollte später als Jakob Fugger der Reiche bekannt werden.

Vernetzte Unternehmer: Ulrich, Georg und Jakob Fugger

1494 schlossen die Brüder Ulrich, Georg und Jakob Fugger einen Gesellschaftsvertrag. Sie teilten sich die

Verantwortung und Aufgaben in der Firma und stiegen durch die Verknüpfung von Edelmetall-, Waren- und Finanzierungsgeschäften zu führenden Kaufleuten ihrer Zeit auf. Die Brüder schufen ein Netzwerk mit bedeutenden Kunden und Niederlassungen an wichtigen Orten Europas. Nach dem Tod von Georg und Ulrich wurde Jakob Fugger Alleinverantwortlicher in der Firma. Da seine Ehe kinderlos blieb, bestimmte er testamentarisch seine Neffen zu seinen Nachfolgern. Nach Jakobs Tod im Jahr 1525 führte sein Neffe Anton die Firma erfolgreich weiter.

Von Kaufleuten zu Adeligen

Mit den Erträgen aus dem Handel erwarben drei Generationen bis ins 17. Jahrhundert hinein umfangreichen Grund- und Herrschaftsbesitz, der zur neuen wirtschaftlichen und sozialen Basis der Familie wurde. Um 1650, mehr als 280 Jahre nach Hans Fuggers Ankunft in Augsburg, stellte die Firma ihre Tätigkeit ein. Aus Kaufleuten waren Adelige geworden, die wichtige Positionen in Kirche und Reich errangen. Mit einem Teil ihres Vermögens gründeten die Fugger eigenständige Stiftungen, um deren Fortbestand sie sich bis heute kümmern. Eine wichtige Rolle spielen auch das Mäzenatentum in Musik, Kunst und Literatur sowie die Bewahrung und Pflege der Familiensitze und Schlösser. Das Wappen der Fugger von der Lilie ist vielerorts in Schwaben zu finden, wo noch heute die drei Familien Fugger ansässig sind: die Grafen Fugger-Kirchberg in Schloss Oberkirchberg bei Ulm, die Fürsten Fugger von Glött auf Schloss Kirchheim und die Fürsten Fugger-Babenhausen auf Schloss Babenhausen und auf Schloss Wellenburg bei Augsburg.

Darstellung des Stammwappens im „Ehrenbuch der Fugger", das Mitte des 16. Jahrhunderts entstand.

LEBEN UND WIRKEN

Lehrjahre in Italien

Jakob Fugger wurde am 6. März 1459 als zehntes von elf Kindern in die erfolgreiche Kaufleutefamilie geboren. Als Zwölfjähriger hatte er bereits eine geistliche Pfründe (also ein kirchliches Amt, das mit Einkünften verbunden war) im Kloster Herrieden. Er studierte aber nicht und empfing auch nicht die höheren Weihen. Eine kirchliche Laufbahn, wie oft erzählt, war deshalb für Jakob wohl gar nicht vorgesehen. Vielmehr ging er als 14-Jähriger nach Venedig. Hier erhielt er das Rüstzeug für seinen späteren Erfolg. 1487 kehrte er nach Augsburg zurück.

Neue Ära in der Firma

Unter seinen älteren Brüdern Ulrich und Georg handelte die Firma bereits mit Kupfer und Silber und war auch im Kreditgeschäft aktiv. Nach Jakobs Rückkehr vergrößerte sich jedoch das Geschäftsvolumen deutlich. Wie andere Handelsherren dieser Zeit sicherten die Fugger ihre Kredite an Machthaber und Institutionen gegen Rechte ab, z. B. im Erzabbau oder Handel. Jakob brachte mit dieser Strategie die Fuggerfirma an die Spitze der europäischen Kredit- und Handelshäuser. Durch ihre Finanzkraft wurden die Fugger für das Haus Habsburg, und insbesondere den späteren Kaiser Maximilian I., zu den wichtigsten Geldgebern. Nach 1510 steigerte Jakob als alleiniger „Regierer und Schaffierer" in der Firma das Geschäft und die Gewinne noch einmal erheblich. Sein Erfolg war eng gekoppelt an ein innovatives Kommunikationsnetz. Aus den Faktoreien der Firma in ganz Europa gingen in seinem Augsburger Kontor schnellstens und regelmäßig Nachrichten über Kurse und Finanztransaktionen ein, ebenso über politische und wirtschaftliche Entwicklungen. Den Informationsvorsprung nutzte Jakob für seine Entscheidungen und auch gezielt zur Kundenpflege.

Aufsteiger in der Gesellschaft

1498 heiratete Jakob die junge Sibylla Artzt. Dank ihres patrizischen Standes gehörte Jakob nun der Gesellschaftsschicht der „Mehrer" an. Damit hatte er Zugang zur sogenannten Herrenstube, obwohl die Fugger weiterhin nicht zum Patriziat zählten. 1514 erhielt er den Titel eines Reichsgrafen, dennoch bezeichnete er sich bis zu seinem Tod als „Bürger von Augsburg". Jakob und Sybilla glänzten als Gastgeber bei zahlreichen Festen. Das

Fugger-Palais an der heutigen Maximilianstraße stand dem Kaiser oder wichtigen Abgesandten während ihrer Besuche in Augsburg offen.

Die Kaiserwahl

Mit Kaiser Maximilian I. blieb Jakob Fugger bis zu dessen Tod im Jahr 1519 eng verbunden. Für Maximilians Enkel und Nachfolger Karl von Spanien sicherte Jakob die Wahl zum Kaiser. Karl stand dabei im Wettbewerb mit dem französischen und englischen König. Für ihre Stimmen forderten die Kurfürsten die exorbitante Summe von 851.918 Gulden, von denen Jakob Fugger knapp zwei Drittel und die Welser zusammen mit Genueser Banken den Rest aufbrachten.

Nütze die Zeit

1521 litt Augsburg gerade unter einer Pestwelle. Vielleicht sah Jakob Fugger deshalb den Zeitpunkt für die Absicherung der Stiftungen gekommen. Zudem war er schon länger gesundheitlich angeschlagen. Er hatte ein offenes Bein, und man ahnte, er würde nicht sehr alt werden. 66-jährig starb er am 30. Dezember 1525 an einem Geschwür im Unterleib. Noch auf dem Sterbebett hat er gearbeitet.

Das Hochzeitsbild von Hans Burgkmair: Die 19-jährige Sybilla mit reichem Schmuck und Notenblatt, das auf die Liebe zur Musik hinweist. Der 20 Jahre ältere Jakob Fugger trägt eine Goldkappe, wie es viele Kaufleute taten, die eine enge persönliche Verbindung zu Venedig hatten.

KRITIK UND LEGENDE

Die Kaiserwahl ist eines der Themen, die zur Legendenbildung und auch kritischen Betrachtung von Jakob Fugger führten. Schon zu Lebzeiten verknüpfte man mit seinem Namen Reichtum und Einfluss. Ein portugiesischer Gesandter bezeichnete ihn sogar als wichtigsten Mann in Deutschland. Jakob nutzte die politischen Verhältnisse und wurde umgekehrt für politische Ziele benutzt. Dass er der reichste Mann der Weltgeschichte war, ist eine von vielen Fugger-Legenden (siehe: www.fugger.de/geschichte/wiereich-war-jakob-fugger-wirklich). Es gab und gibt Reichere, sowohl in Bezug auf den Umrechnungswert seines Vermögens zu heutigen Goldpreisen wie auch zu anderen Vergleichswerten. Ein sicherer Superlativ sind aber Jakobs Stiftungen, insbesondere die Fuggerei.

KURZE GESCHICHTE DER FUGGEREI UND DER FUGGERSCHEN STIFTUNGEN

1514 Jakob Fugger erwirbt in der Jakobervorstadt Grundstücke zum Bau einer Wohnsiedlung für arme, arbeitswillige Augsburger.

1516 Vertrag mit der Stadt Augsburg zur Besteuerung der künftigen Fuggerei. Hier wird auch der Mietzins von einem Rheinischen Gulden jährlich festgelegt.

23. August 1521 Jakob Fugger sichert in einem gemeinsamen Stiftungsbrief die Fuggerei, die Grabkapelle bei St. Anna und die Prädikatur bei St. Moritz juristisch ab. Dieser Tag gilt als Gründungstag der drei Stiftungen.

1523 Fertigstellung der Fuggerei mit nun 52 Häusern.

30. Dezember 1525 Tod von Jakob Fugger. Jakobs Neffe Anton wird sein Nachfolger.

1548 Anton Fugger ordnet die Stiftungen neu. Bis zum Ende des Jahrhunderts kommen weitere Stiftungen hinzu.

1582 Mit der St.-Markus-Kirche bekommt die Fuggerei ein eigenes katholisches Gotteshaus.

1592 Beginn des Schulunterrichts in der Fuggerei, die Schulen bleiben bis ca. 1810.

1632–1635 Im Dreißigjährigen Krieg ist die Fuggerei einige Zeit von schwedischen Truppen besetzt. Die Bewohner werden vertrieben, kehren aber später in die zerstörten Häuser zurück. Sie beseitigen die Kriegsschäden teils selbst, da die Stiftungen aufgrund ausbleibender Zinszahlungen finanzielle Probleme haben.

1660 Dank der Rückzahlung eines Darlehens können die Stiftungen Grundherrschaften erwerben. Dadurch vollzieht sich ein Wandel von Kapital- zu Liegenschaftsstiftungen, der auch für die Zukunft bedeutend sein wird.

1806 Infolge der Mediatisierung verlieren viele Stiftungen in Bayern ihre Eigenständigkeit. Die Fugger

BIS IN DIE ZUKUNFT

können jedoch ihre Entscheidungsbefugnisse über die Stiftungen vertraglich sichern und so die Einziehung des Stiftungsvermögens verhindern.

19. Jh. Durch nachhaltige und professionelle Bewirtschaftung entwickelt sich der Forst zur Haupteinnahmequelle der Fuggerschen Stiftungen.

Ende 19. Jh. Bewerbungen um Fuggerei-Wohnungen nehmen zu. Zum Ende des Jahrhunderts beträgt die Wartezeit ca. 15 bis 18 Jahre.

1923 Durch die Geldentwertung (Hyperinflation) verlieren viele Stiftungen Geld. Die Fuggerschen Stiftungen sind als Liegenschaftsstiftungen weniger davon betroffen.

Nach 1933 Stiftungen und Wohltätigkeitseinrichtungen droht die Eingliederung in NS-Organisationen. Auch die Fuggerschen Stiftungen sind in Gefahr, ihre Selbstständigkeit zu verlieren.

1943 In der Fuggerei wird ein Bunker eingerichtet. Bei Luftangriffen am 25./26. Februar 1944 sterben 750 Augsburger, 80.000 verlieren ihr Zuhause. Die Fuggerei ist zu zwei Dritteln zerstört. Die meisten Bewohner müssen evakuiert werden. Bereits am 1. März 1944 beschließt das Seniorat den Wiederaufbau der Fuggerei.

Ab 1945 Wiederaufbau der Fuggerei und Zukauf von Grundstücken für ihre Erweiterung. 1947 sind die ersten der beschädigten Häuser wiederhergestellt und evakuierte Bewohner kehren zurück. Auch Neuaufnahmen finden wieder statt.

1973 Die Erweiterung der Fuggerei auf nun 140 Wohnungen in 67 Häusern ist abgeschlossen.

2021 Feier des 500-jährigen Stiftungsjubiläums. Mit der Idee Fuggerei NEXT500 wird in die Zukunft gedacht: International sollen weitere Fuggereien entstehen – individuell ausgerichtet auf die jeweiligen Bedürfnisse vor Ort. Stifter in aller Welt können sich dieser Idee anschließen.

BILDNACHWEIS

Astrid Förster **Seite 21**
Augsburger Allgemeine, Foto: Paul Engert **Seite 30, 65**
Barbra Verbij **Seite 88**
Bayerische Staatsbibliothek, Cgm 9460 **Seite 107**
Bayerisches Landesamt für Denkmalpflege, Foto: Carl Stechele **Seite 57**
Bayerisches Landesamt für Denkmalpflege, Foto: Gröber **Seite 39**
Bayerisches Landesamt für Denkmalpflege **Seite 16, 20, 56**
Fugger-Archiv, Foto: Agathe Bunz **Seite 28, 30**
Fugger-Archiv, Foto: Erika Groth-Schmachtenberger **Seite 68**
Fugger-Archiv, Foto: Ingeborg Thal **Seite 47**
Fugger-Archiv, Weidenbacher (1926) **Seite 46**
Fugger-Archiv, Wolfgang Kilian, Stadtplan Augsburg (1626) **Seite 49**
Fugger-Archiv **Seite 56, 71, 77**
Fuggersche Stiftungen, Foto: Daniel Biskup **Seite 22, 29, 31, 36, 39, 51, 75, 99, 103**
Fuggersche Stiftungen, Foto: Eckhart Matthäus (Titelbild, Einklapper) **Seite 12-18, 20-21, 25, 27, 34-50, 54, 57-61, 63, 68-70, 74- 79, 91** Hans Burgkmair (ca. 1511) **Seite 94**
Fuggersche Stiftungen, Illustrator: Jonas Lauströer **Seite 37**
Fuggersche Stiftungen, Foto: Nikky Meier **Seite 18, 60, 72-73, 84**
Fuggersche Stiftungen, Foto: Oliver Soulas
Seite 3-4, 26, 28, 31, 50, 52, 61-62, 64, 68, 84, 101-103, 105
Fuggersche Stiftungen, Foto: Quirin Leppert **Seite 24, 82, 85-86**
Fuggersche Stiftungen **Seite 10, 18-19, 27, 50, 56, 65, 73, 99**
Heiß, Wien / altaugsburggesellschaft **Seite 27**
Kunstsammlungen und Museen Augsburg, Jörg Seld, Stadtplan Augsburg (1521) **Seite 9**
Museum of Applied Art Budapest, Johann Schrettegger, Sonnenuhr (18. Jh.) **Seite 41**
PfefferminzGreen e.V. **Seite 85**
Privatbesitz **Seite 108**
Reichsstädtische Bibliothek Lindau, Caspar Stromayr, Practica Copiosa (1559) **Seite 97**
SLUB Dresden/Kartensammlung, (Sebastian Münster), Vogelschaubild Augsburg (1650)
Seite 93
Staatliche Kunsthalle Karlsruhe, Hans Maler zu Schwaz (1525) **Seite 96**
Stadtarchiv Augsburg **Seite 19, 106**
Universitätsbibliothek Augsburg, Foto: Erika Groth-Schmachtenberger **Seite 31**

Wir danken allen Bildgebern für die Bereitstellung und allen, die die Erstellung des vorliegenden Bandes mit Hinweisen und Informationen unterstützt haben.